话说
扁平化治理

中共湘潭市雨湖区委全面深化改革委员会
基层治理创新典型案例开发与研究中心 编著

图书在版编目（CIP）数据

话说扁平化治理 / 中共湘潭市雨湖区委全面深化改革委员会，基层治理创新典型案例开发与研究中心编著. 湘潭 : 湘潭大学出版社，2024. 6. -- ISBN 978-7-5687-1461-7

Ⅰ. D669.3

中国国家版本馆 CIP 数据核字第 20245B8C69 号

话说扁平化治理

HUASHUO BIANPINGHUA ZHILI

中共湘潭市雨湖区委全面深化改革委员会
基层治理创新典型案例开发与研究中心 编 著

责任编辑：肖 迪 丁立松
封面设计：张丽莉
出版发行：湘潭大学出版社
社 址：湖南省湘潭大学工程训练大楼
电 话：0731-58298960 0731-58298966（传真）
邮 编：411105
网 址：http://press.xtu.edu.cn/
印 刷：长沙鸿发印务实业有限公司
经 销：湖南省新华书店
开 本：710 mm×1000 mm 1/16
印 张：14
字 数：210 千字
版 次：2024 年 6 月第 1 版
印 次：2024 年 6 月第 1 次印刷
书 号：ISBN 978-7-5687-1461-7
定 价：68.00 元

个人很小，但“人人是治理主体”的共商共建共治共享善治格局很大。

数据很小，但依托大数据加持下的思维逻辑、运作模式及新质生产力发展风口很大。

社区很小，但夯实基层基础并引领千家万户追求美好生活的责任很大。

雨湖很小，但想为基层治理体系和治理能力现代化这个“国之大者”贡献一点雨湖方案的信念很大。

书本很小，但《话说扁平化治理》一书想要抛出的理念很大。

这里是雨湖

湘潭市雨湖区位于湖南中部的湘江之滨，因境内有千年名胜“雨湖”而得名，现辖2乡3镇10街道，63个社区、71个村，总面积451.39平方千米，常住总人口61.91万人，是湘潭的商贸、科教、文化中心，是长株潭都市圈建设的核心区域，现有1个国家级经开区——湘潭经开区，1个省级高新技术产业园——雨湖高新区，1个国家级农业示范园——姜畲现代农业示范园。

人文璀璨之城邑

雨湖作为湘潭城市的发祥地，明清时期就有“小南京”“金湘潭”的美誉，还有“米市”“药都”的称谓，革命先驱秋瑾，党和国家领导人毛泽东、华国锋、胡耀邦，画坛巨匠齐白石曾在此留下足迹。拥有唐兴寺、万楼、关圣殿等40处全国重点、省级、市级文物保护单位，精心打造了“创新之旅”“红色之旅”“清风之旅”三条优质文旅线路。

区位优越之要塞

雨湖地处习近平总书记赋予湖南“一带一路”倡议定位的核心位

置，位于全省东西、南北交通要冲，京广、沪昆等高速、高铁“动脉”穿境而过，湘江黄金水道直通江海，距长沙黄花机场仅半小时车程，长沙地铁3号线南延至湘潭北站，已正式迈入普铁、高铁、城铁、地铁“四铁时代”。

山清水秀之家园

雨湖是湘潭典型的城郊接合区，河湖密布、山水相映，城镇化率85.5%，空气质量优良率86%，拥有窑湾、万楼、齐白石艺术馆、九华湖等4家国家级3A景区，特别是万楼·青年码头人气火爆，入选首批湖南省夜间消费聚集示范区。作为湘潭市最大的“菜篮子”工程基地，拥有沙子岭猪、湘潭矮脚白、九华红菜薹3个国家地理标志产品，蔬菜、食用菌等生态产品享誉省内外。

创新创业之都市

雨湖科技要素集中，聚集了湘潭大学、湖南科技大学、湖南软件职业技术大学等6所高等院校、20余家科研机构，有在校大学生10余万人，是湖南省科技人才、成果密集的城区之一。现有规模企业161家，江南工业集团有限公司、江麓机电集团有限公司等中央直属企业驻区发展，孕育了湖南裕能新能源电池材料股份有限公司、湘潭电化集团有限公司、步步高商业连锁股份有限公司等上市公司。数字赋能强劲，拥有科技部首批支持建设的13个国家应用数学中心之一——湖南国家应用数学中心（湘潭大学），中国移动湘潭分公司、中国联通湘潭分公司等数字经济企业驻区发展，打造了北斗时空安全产教融合创新研究院、5G智慧食用菌产业园项目等一批数字经济亮点工程。

雨湖区行政中心

湘潭经济技术开发区

湘潭大学

湖南科技大学

雨湖高新技术产业开发区

江麓机电集团有限公司

江南工业集团有限公司

万楼·青年码头

湘潭窑湾历史文化街区

观湘门乐之书店

华银国际大酒店

湘潭红润教育培训基地

《话说扁平化治理》编辑委员会

序

总有人问什么是扁平化治理，看起来很简单，说清楚却并不容易，要干得好更是难上加难。

习近平总书记指出，基层强则国家强，基层安则天下安，必须抓好基层治理现代化这项基础性工作。在党的二十大报告中，习近平总书记指出，健全共商共建共治共享的社会治理制度，提升社会治理效能。从宏观层面理解，我国现代化治理体系应该包括国家治理、地方治理和基层治理三个方面。国家治理聚焦治国理政，涵盖对国家一切事务的治理，纵向上包括从中央到地方再到基层以及组织、个体层面的治理，即中央管省、省管基层等；地方治理负责承上启下，是省级层面对地方的治理，也是采取多层级治理，即省管市、市管县、县管乡，但随着交通设施完善、智慧手段赋能，省管县具有现实可行性；基层治理是国家治理、地方治理的微观基础，即以县（市、区）为单元直接面向民众的治理。扁平化治理就是在县一级实施，涵盖了经济、政治、文化、社会、生态等内容，并运用智慧化手段、叠加数字化赋能的基层治理。

扁平化治理是一种服务态度。中国共产党的宗旨是全心全意为人民服务，所有共产党员都来自人民、服务人民，除了人民群众的切身利益，没有个人特权和私利。随着改革开放的深入和经济社会的发展，部分意志薄弱的领导干部和共产党员忘记初心使命，淡化宗旨意识，脱离人民群众，甚至沦落为腐败分子，站到了人民的对立面。扁平化治理就是要求所有公职人员，特别是共产党员理性回归，自觉回到人民群众中间，听民声、察民意、解民忧，把民众当亲人，视民意为导向，共商共建共治共享，从群众中来，到群众中去，真正做到一切为了人民，一切依靠人民，全心全意为人民服务。

扁平化治理是一种系统手段。当今时代，国际形势、经济形势、社会形势异常复杂严峻。习近平总书记指出，世界百年未有之大变局加速演进，这一变局决定了任何头痛医头、脚痛医脚的方法都难以达到应有的效果。“郡县治，天下安”，以县（市、区）为单位，必须对经济、政治、文化、社会、生态进行综合治理。扁平化治理就是坚持以党建共建“大联盟”、区直部门“大整合”、街社一体“大贯通”、纠纷调处“大集成”、数据资源“大融通”，整合各类资源，发动人民群众共同参与，力求实现基层善治。

扁平化治理是一种技术方法。没有智慧化就不能实现扁平化。扁平化治理的“五个一”路径，即建好一个资源信息库、织好一张干群联络网、开好一辆民情直通车、拓展一个经济功能、擦亮一个幸福品牌，其中最关键的是把辖区内领导干部、公职人员、共产党员、人大代表、政协委员和社会民众拉到一个共同的“微信朋友圈”，构建起干部群众共商共建共治共享的平台，让“点到点交流、面对面沟通、背靠背监督、网联网运行”成为现实，提升工作效率，消除治理层级，实现全天候、全区域治理常态，打破上下班、办公室内外和部门之间的界限，工作效率更高、服务效果更好。

总而言之，扁平化治理中的“扁”就是将辖区范围内的所有人拉成一张网，没有上下层级之分；“平”就是努力推动干部群众的平等议事，没有内外圈层之分，实现同心治理；“化”就是强调教化的特殊重要作用，把协商作为重要内容，把感化作为重要方法。治理就是区别于传统的行政管理，寓管理于综合治理之中，又不淡化公检法等司法权力和行政管理权力的强制属性，真正做到共商共建共治共享，所有人都是治理主体，所有人又都是治理对象。

雨湖区是湘潭的老城区，基础设施较差、人口密度较高、遗留问题较多、社情舆情相对复杂。如何落脚雨湖实际，有效统筹各类资源力量，健全党建引领基层治理机制；如何认真践行以人民为中心的发展思想，不断增强人民群众的获得感、幸福感、安全感；如何避免各类社会关系撕裂，有效促进各方面、各层级理性回归，这些是本书在习近平新时代中国特色社会主义思想指引下力图解决的问题。

本书坚持以习近平新时代中国特色社会主义思想特别是关于加强基层治理体系和治理能力现代化建设重要论述为指引，深入贯彻落实中央、省、市重大会议精神以及推进基层治理的重要部署为遵循，系统阐述了雨湖区扁平化治理创新实践具体是什么？到底为什么？改什么？怎么改？改出了什么成效？怎么深化拓展？……全书共分为基层之惑、静夜之思、创新之举、实践之旅、治理之标五个部分，以期为实现“三高四新”美好蓝图，夯实“中国之治”贡献雨湖力量，奉献雨湖智慧！

《话说扁平化治理》编辑委员会

2024 年 3 月 6 日

目录

第三章　创新之举

第四章　实践之旅

第五章　治理之标

第一章 基层之惑

基层治理既是“国之大者”，又是“民生底盘”，必须坚持问题导向，直面纷繁复杂的现实拷问，不断提出能真正解决问题的新理念、新思路、新办法。雨湖区扁平化治理始终立足党和国家事业取得的历史性成就，立足雨湖区经济社会发展的坚实基础，直面现实困境，直面治理需要，剖析七个方面的基层之惑。

经济发展与社会发展同步了吗？

习近平总书记指出，当今世界百年未有之大变局加速演进。在大变局之下，除了能直观享受到物质和财富取得的巨大进步，包括互联网时代带来的各种便利，还能深刻感受到因为经济社会发展的不平衡、不协调、不充分带来的各类社会撕裂，这种撕裂现象在国际关系、干群关系、医患关系、师生关系等不同领域、不同群体之间都有一定程度显现，有的还会依托互联网新媒体平台将这种撕裂现象进行放大。具体撕裂表现形式就如“一言不合”就会出现抬杠、硬怼、互撕、站队和对立，有的甚至会演变为不同群体之间的不信任（如目前大众非常反感不接地气的“砖家”），以及国与国之间的冲突或战争（如俄乌冲突、巴以冲突）。

在构建人类命运共同体的过程中，个别国家对当前世界国际力量对比和全球格局深刻演变的现状认识不深刻，还是保留着帝国一贯的傲慢与偏见，还是在搞传统的霸权主义、单边主义、保护主义，甚至在联合国这个全球平台频繁搞出“退群”、欠会费等非常规操作。正是由于这种国与国之间的撕裂，导致当前国际关系冲突不断，让“地球村”时常有各类“冷战”“热战”，人民深受其害。

在践行以人民为中心的发展思想过程中，个别干部的人民立场没有站稳，脱离群众现象时有发生，正确政绩观树得不牢固。比如，当一个“面子工程”“形象工程”开建时，相关领导考虑的不是群众能不能得到什么实惠，而是上级是否看得到，是否对自己的“乌纱帽”更有利。同时，在基层也出现了一种“群众抱怨，干部委屈”的怪现象，一方面，群众总认为基层干部手中或多或少掌握相关权力，在办事过程中存在“暗箱操作”；另一方面，基层干部也被各项任务压得喘不过气，有的甚至把本属于群众分内之事包揽做了，却还老是遭到不信任、不理解、不支持，要干好基层工作实属不易。

在打造共商共建共治共享基层治理格局过程中，个别地方基层治理出现了群众主体作用发挥不够、社区行政化等系列新问题，甚至出现了“干部干、群众看”“看的指指点点，干的满腹委屈”的怪现象。当年，“人工天河”红旗渠总投资 6865 万元，国家资助仅占总投资的 14.94%，其余均靠自筹，在那个缺资金、缺技术、缺设备的年代，总干渠长达 70.6 千米的人工天河基本上是靠人一锤一钎干出来的。“人民灌区人民建，建好灌区为人民”的韶山灌区总投资 1.21 亿元，其中 8200 多万元全部为地方和群众自筹，建设工地上涌现了“铁姑娘”戴冬桂、“贺五阿公”贺桂华等一大批埋头苦干、拼命硬干的先进典型。“湘江上的第一座大桥”湘潭一大桥建设现场，军人、学生、工人和干部都以极大的热情参加义务劳动，共达 40 万人次，“湘潭大桥是湘潭人挑担拉抬，自己建起来的一座桥”。在之前各类重大工程建设中，群众按受益面积出工，自备工具，自带口粮，没有石灰自己烧，没有水泥自己造；而反观当下，我们的很多政府投资项目却面临发动群众不够、基层自筹不足等窘境。现场调研中某村干部曾反映，当前农村居民普遍对金钱物质不避讳，有利就干，无利就躲，村里如有基础设施项目，部分村民不是想着怎么主动投工投劳，为村集体做点贡献，反而想方设法多占便宜，一旦个人意愿没达成，就会事不关己、消极对待，甚至阻工对抗。出现这些问题，正是由于我们没有把群众的主体力量发挥起来，要通过充分的共商共建共治共享，真正激活这个最大“动力源”。

毛泽东同志说过，人民，只有人民，才是创造世界历史的动力。习近平总书记指出，人民是创造历史的动力，我们共产党人任何时候都不要忘记这个历史唯物主义最基本的道理。

在当下这个“地球村”里，在“点到点交流、面对面沟通、背靠背监督、网联网运行”的互联网时代，无论是国际还是国内，无论哪个群体、哪个阶层，都无法逃离、回避“社会撕裂”这个变局，都必须以“理性回归”思路、互联网思维直面并有效地应对这个变局。也正因为社会建设与经济建设、政治建设、文化建设、生态文明建设同为“五位一体”总体布局重要内容，必须同步重视、同步推进、同步发展，为此，在此轮机构改革中，各级专门成立了党委社会工作部，目的就是为了更好地加强党对社会工作的集中统一领导，为基层治理体系和治理能力现代化建设夯基固本。

执行落实是否真正做到了对标对表？

党员干部做任何工作，首位要求是旗帜鲜明讲政治，强调的是要对标看齐。然而在现实生活中，一些地方和部门在执行政策时却存在“低级红、高级黑、一刀切”的行为，给基层干部和人民群众的工作、生活带来不必要的困扰和困难。

所谓“低级红”，就是有意或无意把党的信念和政治主张简单化、庸俗化，用无知或极端的态度来表达自己的“正义性”，因无原则的吹捧引发人们的反感情绪。比如，《三代烟草人的传承与守望》一文原本想讲述祖孙三代薪火相传从事烟草工作的光荣事迹，结果被网友质疑是烟草行业裙带勾结、家族腐败、偏离本质的自我美化，在群众火眼金睛下纷纷翻车。

所谓“高级黑”，就是极端化地解读党的理想信念、宗旨、方针政策等，披着华丽外衣的刻意“黑”。比如，某县一个基层扶贫干部，仅仅因为晚上洗澡时，在 4 分钟内没接检查组的电话，受到党内警告处分，并扣了“四个意识”不够、工作不严不实等帽子。这种荒唐的简单问责行为，远离了制度初衷和常识。

所谓“一刀切”，就是在政策执行过程中，不顾实际情况和客观条件，采取简单、粗暴、片面的方式，对所有对象采取相同措施的行为。这种行为不仅缺乏科学性、合理性，而且容易造成资源浪费、损害人民群众利益等问题。比如，“新鲜白菜剁碎凑厨余垃圾”事件里环卫工人为了完成厨余垃圾指标量，因为厨余垃圾量不够，就拿新鲜白菜凑。这里面反映出来的不光是浪费粮食和弄虚作假的行为，更深层次是以形式主义应对官僚主义的不良习气。考核制度简单化、形式化和教条僵化，必然会造成落实过程中的落空和造假。

党员干部为何难以用互联网扁平化思维直接联系群众？

技术革命总能推动社会的发展，社会的发展总是通过人的解放表现出来，但这一轮互联网的发展带来信息化大进步的同时，并没有带来干部的解放。原因是行政体制的多层垂直管理现状与互联网的多点扁平管理要求存在脱节，层级管理思维根深蒂固、互联网思维运用不够。

互联网扁平化思维运用不够的主要原因如下：

重要性认识不足。在基层，尤其是村社的干部，对“互联网+”工作的重要性认识不够。他们的思维方式和工作方法依然采用传统的工作模式，缺少对互联网的正确认识，认为基层工作和互联网联系不大，忽视互联网能为基层工作带来的机遇。一方面存在对“互联网+”运用的不信任心理，习惯于纸上办公，认为无纸化网上办公不够便捷高效，对于运用大数据技术开展基层治理工作的效果感到怀疑。另一方面，在各类涉及基层工作的数据信息、操作系统、App 等软件上面，存在一知半解的情况，对运用更是不懂、不管、不用，直接影响着互联网助推基层治理工作的力度。

发展驾驭能力不足。目前各级领导干部能够以个人名义直接通过各种网络工具与网民交流的还是极少数；一些干部对信息化了解不多，把信息化等同于服务器、云计算等硬件建设，对电子政务、智慧城市、智能工业等信息技术应用领域关注不多；有些用信息化手段搞打卡留痕，把使用成效等同于下载量、粉丝量、投票量、录入量等，结果是基层工作“流于形式、困在指尖”；有些干部追求片面的政绩观，不顾当地实际和产业发展状况，盲目跟风、匆忙上马或重复建设信息化项目，造成产业结构失衡，资源闲置浪费。

大数据思维能力不足。大数据的核心功能是预测。党和政府在进行治理的时候，完全可以采用大数据技术，对人们的各种行为进行预测，根据预测结果进行预案准备、决策等。但目前大数据思维没有得到充分重视，没有充分利用好大数据在制定决策、方针、政策时的重要参考作用，让数据说话，让客观规律说话。

“小马拉大车”现象为何依然存在?

基层是各级决策部署的落脚点，基层干部则是保证落实的最终践行者，大事小事，只要是关乎人民群众的事，基层干部便责无旁贷、义不容辞。“钉钉子”“抓落实”的精神在基层落地生根，上级的督查、检查不断加大，“清单制”、倒排工期、攻坚作战等工程管理和军事斗争的技术，被广泛运用于基层治理中。基层是一根钉子，被上级各部门捶打。这种工作模式在一定程度上提高了基层工作的效率和质量，但同时也带来了一些问题和挑战。

首先，基层工作人员面临着极大的工作压力。由于各项工作任务和项目不断增多，属地政府和职能部门之间的关系颠倒，基层工作人员需要花费大量的时间和精力来协调各方面的资源，完成任务和项目。同时，他们还需要随时接受职能部门的检查和督查，工作压力非常大。基层干部直接与老百姓打交道，“上级任务”多了，自然会挤占基层干部为老百姓办实事的时间和精力。

其次，这种工作模式也容易导致形式主义等问题。由于上级部门不断加大督查力度，以及各项任务的紧迫性，基层工作人员往往只能按照规定的程序和步骤行事，很难有自由发挥的空间。因此，一些基层工作人员可能会选择采用形式主义和弄虚作假的方式来应对上级的检查，这不仅影响了工作效果，也会对群众产生不良影响。比如“指尖上的形式主义”，加班加点写材料，没日没夜整数据，一心一意填表格；又比如“变味考核”的折腾，不重实绩重留痕；再比如“务虚功”“玩花活”等形式主义“歪风”，带偏了实干节奏，加重了基层负担。

此外，这种工作模式也容易造成资源浪费和重复劳动的情况。由于各个部门和属地政府之间的关系颠倒，属地政府需要同时接受多个职能部门的任务和项目，很容易造成资源浪费和重复劳动的情况。这不仅增加了基层工作人员的负担，也影响了工作效率和质量。

下好大数据“一盘棋”的规则为何难以统一？

数字化、智能化正成为基层治理能力现代化建设的重要手段。“互联网+政务服务”不仅带来“最多跑一次”的便利，也进一步倒逼各级政府流程再造、机制重塑。但在一波又一波的“App 热”“智慧系统热”过后，基层干部群众似乎感觉平台越多，“数据烟囱”越多，有的平台因为“重建设、轻运营”，产生了很多“虚拟烂尾楼”。

大数据“一盘棋”规则难以统一的原因如下：

体制机制亟待健全。根据 2020 年 4 月 9 日中共中央、国务院印发的《关于构建更加完善的要素市场化配置体制机制的意见》，已将数据定义为继土地、劳动力、资本、技术之后的第五大生产要素。但土地要素有自然资源部门主管，劳动力要素有人力资源和社会保障部门主管，资本要素有财政、人民银行等部门主管，技术要素有科学技术等部门管理，而数据要素，彼时尚没有完全专门主管部门负责统筹协调。正因为基层在运用数字赋能时存在一系列问题，所以，2023 年国家正式成立国家数据局，这是纵深推进数字中国建设的一个重大改革，是从根本上有效杜绝“指尖上的形式主义”，也是更好地做到数字赋能的一个重大利好。

平台建设各自为政。由于依赖条线思维、缺乏系统集成，导致各类平台在建设之初，便是各自为政、各搞各的。大数据只赋能条线业务，而没有赋能全域业务，就必然会带来无数“数据烟囱”。据调研显示，某地级市一市直部门单位内部便有 10 多个不同条线 App，且相关数据信息互不共享、互不贯通。基层也普遍反映一些移动互联网 App 和微信公众号在使用中变味走样，限时打卡、挂机“刷分”等现象普遍存在，给基层造成很大压力。

信息资源互不共享。“互联网+”时代的主要特征就是通过大数据整合来实现数据共享。但由于前期顶层没有建立统一、开放、共享的政务信息资源服务机制，个别基层部门又出于数据安全、部门职责等原因考虑，导致出现将政务信息产权部门化、数据资源价值化等倾向，各类信息资源实质共享困难重重，打破“数据烟囱”任重道远。

“陌邻”变“睦邻”的连心桥搭建好了没？

当前，在由钢筋混凝土构建的城市中，绝大多数人都是“关起门只管小家”，邻里之间、街坊之间的关系基本很是陌生，“睦邻”似乎变成了“陌邻”，这种社会现象折射出了一系列社会问题。

“陌邻”现象形成的主要原因如下：

城市化进程带来个人身份“匿名化”。传统乡土社会是男耕女织、四世同堂的基本形态，也一般很看重家族、宗族，很看重姓氏、辈分，邻里之间、乡亲之间彼此都相互熟悉。但随着城市化进程加快，一大批农民变成了市民，搬进了楼房，这个过程中个人的身份意识逐渐淡化，匿名化也自然会让熟人社会向陌生人社会转变。

大数据时代带来沟通方式、生活方式的转变。当前，人与人之间的沟通方式不再局限于传统的串门寒暄、书信来往，特别是年轻人更喜欢运用抖音、微信等各类新媒体平台进行互动交流，享受大数据带来的便捷，而减少了面对面的互动交流。生活方式上，年轻人更习惯外卖送餐等“点对点”单一社交，而对朋友聚餐、家庭聚会等不太感兴趣。

快节奏商业时代带来仪式感淡化。整个社会因为快节奏带来了各方面压力，人们对身边的一些仪式感变得不是很注重，也自然缺少了一些邻里互动、亲人互动、朋友互动、同事互动，渐渐淡化了相关情感交流。这也是当下年轻人“断亲”等现象的根源之一，年轻人懒得社交，很少走亲戚，不愿意跟同事有太多往来等现象值得关注与深思。

陌生人社会带来基层治理困境。社区居民来自五湖四海，相互间来往少，以往单位大院社区、农村社区等“熟人社区”的联结纽带如人情、面子、礼俗等不再奏效，基层治理中居民的参与度不足，协调邻里关系、化解社区矛盾、有效传达党的路线方针政策等面临新的挑战。

公共服务“有偿”与“无偿”的边界厘清明晰了没？

公共服务的不断提档升级，有利于增强人民对于发展的现实感知和对发展成效的切身体验。不断提高福利水平也有底线要求，必须确保财力可负担、服务可持续，否则可能面临福利陷阱。有偿公共服务可以更高效配置公共资源，为居民群众提供更高质量的服务。但在实施过程中，很难明确界定“有偿”与“无偿”的边界。

公共服务“有偿”与“无偿”的边界难以厘清的原因在于：

服务性质的不确定性。《“十四五”公共服务规划》明确，基本公共服务由政府承担主要保障供给数量和质量的责任，并引导市场主体和公益性社会机构补充供给，非基本公共服务则需要政府、社会、公民个人承担。公共服务的性质可能因服务类型、地域、时间等因素而有所不同。例如，农村环境治理应以村民的自主治理为基础，但在实际过程中却普遍存在村民参与程度低、积极性不高的问题，一些地方政府习惯“大包大揽”工作模式，生活污水处理、清理垃圾等都以政府财政资金为主，后又因地方财政薄弱、后期运维费用高、回报机制不健全等难以持续。

社会期望的多样性与复杂性。群众对于公共服务的期望是多样化的。一些人可能希望公共服务完全免费，以满足其基本需求；而另一些人则可能愿意为更好的服务支付费用，以获取更高的生活质量。这种多样化的社会期望使得政府难以确定一个统一的有偿无偿标准。同时，随着我国经济社会发展水平的不断提升，基本公共服务、非基本公共服务与生活服务之间的边界也将随之发生变化。

成本与服务质量之间的权衡。在经济下行压力下，政府在提供公共服务时，需要考虑其经济利益。一方面，政府需要通过税收等方式筹集资金来提供公共服务；另一方面，政府也需要考虑公共服务的成本效益，避免浪费资源、避免大包大揽。

第二章 静夜之思

基层治理必须有正确思想导向，时代眼光导航，必须有科学规律可循，现实基础可依。雨湖区扁平化治理始终坚持政治性、人民性、创新性、斗争性相统一。

实事求是是最大的党性

抓实基层治理，关键在于依托实情，坚持因地制宜，具体问题具体分析，探索适宜当地的治理架构、治理机制和治理模式，实现治理的科学性、针对性、有效性。

马克思主义揭示了人类社会发展的客观规律，实事求是就是一切从实际出发，理论联系实际，在实践中检验和发展真理，实事求是完全符合马克思主义原理，是马克思主义的精髓。习近平总书记指出："实事求是，是马克思主义的根本观点，是中国共产党人认识世界、改造世界的根本要求，是我们党的基本思想方法、工作方法、领导方法。"可见，实事求是无疑是最大的党性。

实事求是是共产党的优良作风

百余年党史就是一部坚持实事求是的奋斗史，实事求是始终贯穿我们党治国理政全过程，是我们党的优良作风和胜利法宝。实事求是体现在中国共产党敢讲实话。"知者尽言，国家之利。"早在中共七大的政治报告中，毛泽东同志就提出要"讲真话，不偷、不装、不吹"，指出作风问题害党、害民，必须加以重视、引起警惕。陈云当年提出"不唯上、不唯书、只唯实，交换、比较、反复"，体现的就是搞清楚"实事”的作风。习近平总书记就相同问题强调，“讲实话、干实事最能检验和锤炼党性。”时至今日，这一优良作风已深入中国共产党人的骨髓，他们对领导敢讲真话，对同事敢讲实话，对下属敢讲准话，以清正廉洁的底气、光明磊落的正气、大公无私的志气扎实工作。实事求是体现在中国共产党乐干实事。“质胜于华，行胜于言。”坚持以知促行、以行求知，做到知行合一，这是我们党推动事业发展的不二法则。比如从建党之初投身大革命洪流到掀起土地革命风暴打土豪分田地；从开展敌后抗日游击战争到夺取新民主主义革命的全国性胜利；从推翻三座大山建立新中国到进行改革开放开创中国特色社会主义；从如期全面完成新时代脱贫攻坚目标任务到带领全国人民抗击新冠感染坚决打赢疫情防控阻击战，这些辉煌成就的取得都是坚持实事求是、马克思主义中国化、战略战术中国化、路径目标中国化的奋斗结果。实事求是体现在中国共产党求达真理。“人生最高之理想，在求达于真理。”一百年前，中国共产党的先驱们在探寻真理、追求梦想的过程中创建了中国共产党，从中国共产党诞生的那一天起，坚持真理便镌刻在党的旗帜上，成为中国共产党人成就伟大事业的思想准则与精神支柱。中国共产党善于掌握真理，将马克思主义不断创新发展，形成科学的中国特色思想体系，武装全党，指导实践；自觉坚持真理，在面对工作时善于直面问题、思考问题，不讳疾忌医；敢于捍卫真理，对发展中遇到“杂音”“噪音”的干扰，以现实为依据、用实事求是的态度据理力争，旗帜鲜明地反对并抵制错误思想，捍卫真理的威严；努力发展真理，不断解放思想，以求真务实的态度观察新情况、把握新变化、实现新突破，为真理向前发展贡献智慧和力量。

实事求是是党中央的坚定要求

回顾我党百余年历史，可以清楚地看到，什么时候坚持实事求是，党就能够形成符合客观实际、体现发展规律、顺应人民意愿的正确路线和方针政策，党和人民的事业就能够不断取得胜利；反之，离开了实事求是，党和人民的事业就会遭受损失甚至严重挫折。所以实事求是始终是党中央的坚定要求。在新民主主义革命时期，以毛泽东同志为主要代表的党中央正是坚持了实事求是的思想路线，我们走出了农村包围城市、武装夺取政权的正确革命道路，取得了新民主主义革命的胜利，建立了中华人民共和国，确立了社会主义基本制度，实现了中国历史上最深刻最伟大的社会变革，为当代中国一切发展进步奠定了根本政治前提和制度基础。尤其在延安整风运动中，党深刻总结历史教训，反对主观主义以整顿学风、反对宗派主义以整顿党风、反对党八股以整顿文风，充分彰显了伟大的实事求是精神。党的十一届三中全会以后，以邓小平同志为核心的党的第二代中央领导集体重新确立了解放思想、实事求是的思想路线。1978 年 12 月，邓小平同志在《解放思想，实事求是，团结一致向前看》重要讲话中鲜明指出："过去我们搞革命所取得的一切胜利，是靠实事求是；现在我们要实现四个现代化，同样要靠实事求是。"正是党中央坚持了实事求是的思想路线，才能把党和国家工作重点转移到经济建设上来、实行改革开放的历史性决策，实现了党的历史上具有深远意义的伟大转折。此后，以江泽民同志为核心的党的第三代中央领导集体、以胡锦涛同志为总书记的党中央，进一步丰富和发展了党的实事求是思想路线。党的十八大以来，以习近平同志为核心的党中央，以巨大的政治勇气和强烈的责任担当，把实事求是贯穿到治国理政各个方面、各个环节，创造了新时代中国特色社会主义的伟大成就，党的面貌、国家的面貌、人民的面貌、军队的面貌、中华民族的面貌发生了深刻变化，中华民族以崭新的姿态屹立于世界的东方。当前和未来，国际市场、发展方式和世界局势都发生了深刻变化，以美国为首的西方国家合围对我国进行遏制打压；我国社会主要矛盾已转化为人民日益增长的美好生活需要和不平衡不充分的发展之间的矛盾；开启全面建设社会主义现代化国家的新征程，着力构建以国内大循环为主体、国内国际双循环相互促进的新发展格局对我国的发展而言至关重要。面对复杂多变的国际形势和国内改革发展稳定的艰巨任务，我们只有坚持实事求是，才能真正做到五个“正确认识和把握”，才能冲破重围，突破瓶颈，打破壁垒，迎来高质量发展的春天和中华民族伟大复兴的明天。所以一切的一切告诉我们一个真理：只有坚持实事求是，才能兴党兴国，才能利民安民，才能从胜利走向胜利。

实事求是是老百姓的永远期待

民之所盼，政之所向。当前，我国还存在一些不良现象，比如政务失信、政策缺乏稳定连贯性、公民知情权得不到充分保障、存在一定形式主义和官僚主义等问题。要破解这些问题，我们就必须坚持实事求是，深入群众，问政于民、问计于民、问需于民，千方百计实现老百姓的期待。坚持实事求是，就是要广开言路。比如，我们在制定工作计划或者五年规划等中长期发展规划时，要坚持做到开门问策、集思广益，把社会期盼、群众智慧、专家意见、基层经验充分吸收进来，深入基层一线、群众之中，到田间地头、车间码头、农村社区去，听真话、察实情、知民心，汲取群众智慧和力量，坚持老百姓关心什么、期盼什么就抓住什么、推进什么，如此，工作计划和发展规划既是宏观统筹，也是微观执行，既“接天线”，又“接地气”，才能达到预期目标。坚持实事求是，就是要多办实事。老百姓关心的是自己脚下的路、门前的灯、沟里的水，关心的是呼吸的空气是否新鲜、吃的食品是否安全、喝的水是否干净、是否有良好的医疗和教育条件等。要始终把老百姓关心关注的就业、就学、看病、环保、社会保障等问题作为工作的着力点，从点滴入手、从具体事做起，做到求实效，不好大喜功、不做表面文章、不搞花架子，切实解决好人民群众急难愁盼问题。坚持实事求是，就是笃行不怠。我国仍处于并将长期处于社会主义初级阶段的基本国情没有变，我国是世界最大发展中国家的国际地位没有变，整体性存在的生产力不够发达的“事实”是一种客观存在，老百姓对美好生活的期待有增无减。因此，坚持实事求是，就是深入了解人民群众的所思所想，顺应人民群众对美好生活的向往，顺应人民对高品质生活的期待，及时回应人民群众的利益诉求，以满足人民群众的现实需要和利益期待，使发展的成果更多更公平地惠及全体人民，不断开创社会主义现代化建设新局面。

发展经济是最大的实事

经济发展不仅可以为基层治理提供更多的资源和手段，还可以促进社会公平、增强社会凝聚力、推动基层民主发展。

“经济基础决定上层建筑”是马克思主义政治经济学的鲜明论断，认为经济生活是一切社会生活的重要物质前提。人民至上是习近平新时代中国特色社会主义思想的根本政治立场，发展是党执政兴国的第一要务。发展是基础，经济不发展，一切都无从谈起，要把“蛋糕”做大分好，要积极破解困境、推动变革、维护稳定，不断满足人民群众对美好生活的向往，就必须把发展经济这个“国之大者”“政之要者”“民之重者”抓实抓细。

破解困境的唯一道路是发展经济

习近平总书记指出，发展是解决一切问题的总钥匙。步入新时代，我国发展环境发生深刻复杂变化。一方面，在改革开放四十多年的摸索前进中，我们成功积累了许多继续发展的优势条件，发展韧性更加强劲，市场空间更加广阔，物质基础更加雄厚，社会大局更加稳定。另一方面，现实中发展不平衡不充分问题仍然突出，重点领域关键环节改革任务依然艰巨，创新能力不适应新时代发展要求，农业基础还不稳固，城乡区域发展和收入分配差距较大，生态环保任重道远，民生保障存在短板，社会治理还有弱项，等等。面对这些困境和挑战，我们必须坚定不移走高质量发展之路。高质量发展是以人民为中心的发展，而满足人民美好生活需要离不开丰富的物质基础，比如，中国成功决战脱贫攻坚、决胜全面小康、疫情防控中的“中国之治”与“西方之乱”等重大成就的背后，都是依靠强大的经济实力作支撑，实现共同富裕也同样需要有更高水平的生产力和经济发展基础来支撑。这就决定了新时代我国要继续把发展经济摆在极端重要的位置，坚持以经济建设为中心，推进供给侧结构性改革，加快经济结构调整和转型升级，不断提高经济发展质量，努力让发展成果更好地惠及最广大人民群众，更好地推动转型时期社会进步。“不畏浮云遮望眼”，只要我们坚持把发展经济作为破解困境的“不二法则”，就能战胜前进中的一切艰难险阻，迎来更加精彩光明的未来。

推动变革的永恒动力是发展经济

习近平总书记强调，要把握新发展阶段、贯彻新发展理念、构建新发展格局。当前，经济社会发生的历史性变革不可阻挡，推动变革的永恒动力只能是发展经济。从国际战略格局的深刻变化看，近年来，世界地缘经济与政治格局“东升西降”，主要大国力量对比“南升北降”，新科技革命方兴未艾，美国为维护其霸主地位，恶意冲击传统国际秩序与全球治理模式，国际战略格局演变深刻而复杂。中国等新兴经济体通过连续多年的经济快速增长实现了强势崛起，经济实力不断提升，必将进一步加速国际大国关系调整和推动全球政治经济秩序变革。从党的百余年奋斗历史经验看，无论是社会主义革命和建设时期党领导人民自力更生、发愤图强，建立起独立的、比较完整的工业体系和国民经济体系，彻底结束了旧中国的屈辱外交；还是改革开放之初，我们党明确提出从“以阶级斗争为纲”全面转变为“以经济建设为中心”，通过转变迎来了四十多年的高速增长，实现了从生产力相对落后到经济总量跃居世界第二的历史性突破；抑或党的十八大以来，我们坚持以习近平新时代中国特色社会主义思想为指导，党和国家事业取得13个方面的历史性成就，中华民族迎来了从站起来、富起来到强起来的伟大飞跃，尽管受新冠疫情影响，中国以科技创新为核心的产业变革仍在加速演变，以5G、人工智能、工业互联网、物联网为代表的“新基建”风起云涌，这些不同时期取得的巨大成就都是通过经济快速发展实现的。当前，亟须推动更深层次改革和更高水平开放，加快形成新发展格局。从应对复杂严峻的经济形势来看，2023年中央经济工作会议强调“要围绕推动高质量发展，突出重点，把握关键，扎实做好经济工作”，密集出台系列经济政策，聚焦经济建设这一中心工作和高质量发展这一首要任务，坚持稳中求进工作总基调，完整、准确、全面贯彻新发展理念，加快构建新发展格局，着力推动高质量发展，全面深化改革开放，推动高水平科技自立自强，加大宏观调控力度，统筹扩大内需和深化供给侧结构性改革，统筹新型城镇化和乡村全面振兴，统筹高质量发展和高水平安全，切实增强经济活力、防范化解风险、改善社会预期，巩固和增强经济回升向好态势，持续推动经济实现质的有效提升和量的合理增长，增进民生福祉，保持社会稳定，以中国式现代化全面推进强国建设、民族复兴伟业。“世易时移，变法宜矣”，我们必须始终把发展经济作为推动变革的考场与战场，作为推动变革的基石与动力，既登高望远又放眼世界，永立不败之地。

维护稳定的定海神针是发展经济

习近平总书记强调，安全是发展的基础，稳定是强盛的前提。发展是硬道理，稳定是硬任务，要实现国家长治久安，必须推动经济平稳健康发展，保持社会稳定、人民安全。辩证地看，安全是发展的前提，发展是安全的保障。离开了安全，任何发展都是空谈；没有了发展，安全十分脆弱、不可长久，两者辩证统一，既相互影响，又相互促进。当前，各国间的领土争夺、海洋争夺和资源争夺等带来的不稳定因素，实际是少数国家倡导掠夺扩张发展道路导致的；国内房屋征迁、土地权属、医疗卫生、劳动人事、社会保障等人民内部群体性事件，大多是由于发展不协调、不充分与少数人期望值过高造成的。只有发展步伐加快了、生产力水平提高了、人民知识水平提升了，各种社会矛盾和问题才会迎刃而解。系统地看，新发展阶段，我国发展和安全的内涵比历史上任何时期都要丰富，时空领域比历史上任何时期都要宽广，内外部挑战比历史上任何时期都要艰巨。我们除了面临各种传统安全问题，还面临如金融安全、生态安全、科技安全、能源安全等越来越多的非传统安全问题，可谓发展起来后出现的问题并不比发展起来前少，甚至更多、更复杂。这些在发展中产生的安全问题，最终只能靠经济社会科技等方面的全面、更高质量地发展来解决。动态地看，当今世界正经历百年未有之大变局，新冠疫情使这个大变局加速变化，导致影响和制约我国统筹发展和安全的因素持续增加、主要矛盾和矛盾的主要方面不断变换，各种可以预见和难以预见的风险因素明显增多，如果不发展，安全将短暂且不可持续，因此，要增强机遇意识和风险意识，加强发展和安全形势分析和动态评估，在危机中育先机、于变局中开新局，实现经济更高质量发展、社会安定和谐、党和人民事业行稳致远。“沧海横流，方显英雄本色”，人心稳靠什么？朋友多靠什么？政权稳靠什么？归根到底靠实力，只有经济发展好了，我们的实力才能强大起来，维护稳定才有基础和保障。

人民群众是最大的动力

基层治理的出发点和目标都是为了满足人民群众对美好生活的向往。以人民为中心，就要深入群众，问需于民、问计于民，听民情、解民意，让人民群众成为基层治理的参与者、受益者，坚定人民群众的中心地位和主体地位。

习近平总书记指出，人民是创造历史的动力，我们共产党人任何时候都不要忘记这个历史唯物主义最基本的道理。要办好“中国的事情”，就必须始终坚信人民群众的劳动创造是社会发展的原动力，必须始终坚持以人民为中心的发展思想，唯有如此，党的事业才能从胜利走向胜利，中华民族才能走向美好未来。

人民群众是历史的创造者

马克思主义认为，人民群众是历史的主体，是历史的创造者。习近平总书记指出，社会主义革命和建设的成就是人民群众干出来的，改革开放的历史伟剧是亿万人民群众主演的。人类文明史由人民群众谱写。人类社会先后历经原始社会、奴隶社会、封建社会、资本主义社会、社会主义社会五个发展阶段，贯穿其中的就是生产力的不断发展。其中，四大文明古国创造了人类历史上灿烂辉煌的文化，这些文明不仅向我们昭示着祖先们的聪明才智，更反映了人类不懈进取的精神。比如，勤劳勇敢智慧的中国古代劳动人民，创造了象征古代中国文明的四大发明（指南针、造纸术、印刷术和火药），其代表着中国古代最辉煌的技术成就，对于促进各国人民之间的文化交流与贸易往来，推动知识迅速传播与增加，推进世界文明进步都产生了极其深远的影响。中国革命战争史由人民群众铸就。在马克思主义先进思想的指导下，党紧紧依靠人民开展新民主主义伟大革命，取得了“五四运动”、长征、抗日战争、解放战争等一系列伟大胜利，成功推翻了压在中国人民头上的“三座大山”，其中的胜利之匙正是人民群众的磅礴伟力。正如习近平总书记在党史学习教育动员大会上深刻指出的那样，淮海战役胜利是靠老百姓用小车推出来的，渡江战役胜利是靠老百姓用小船划出来的。社会主义革命和建设时期的历史由人民群众描绘。新中国成立后，勤劳勇敢的中国人民铸造了雷锋精神、“铁人”精神、红旗渠精神、“两弹一星”精神、塞罕坝精神等，在党的坚强领导下，与天斗“敢教日月换新天”，与地斗“洞庭波涌连天雪”，与反动势力斗“玉宇澄清万里埃”，开辟了中国特色社会主义伟大道路，谱写了波澜壮阔的改革开放发展史，让中华民族摆脱贫困与落后，迎来新生和崛起，昂首屹立于世界东方。因此，我们要树牢“人民至上”理念，充分尊重人民群众的主体地位，全面激发人民群众的磅礴伟力，就一定会创造出中华民族新的辉煌历史。

人民群众是发展的推动器

习近平总书记强调，人民群众是历史发展和社会进步的主体力量。社会财富源于人民群众的辛勤劳动，必须紧紧依靠人民群众推动社会发展进步。无论是新中国成立后，勤劳的中国人民积极投身社会生产建设，实现了一穷二白、人口众多的东方大国大步迈进社会主义社会的伟大飞跃，还是改革开放以后实行家庭联产承包责任制、兴办经济特区等系列改革，实现了国内生产总值从改革开放初期的3645亿元到2023年的126.05万亿元，人均GDP从最初的381元到2023年89358元的伟大飞跃，完成了从世界经济总量第十到世界第二大经济体的巨大突破……这些成就无一不证明着人民群众是社会物质财富和精神财富的创造者，是社会进步的根本动力，正是由于人民群众的辛勤劳动，中国创造了一个又一个世界奇迹。文明进步源于人民群众的聪明智慧。在满足基本的物质需要后，人民群众开始从事政治、科学、艺术、宗教等精神文明创造活动，推动着人类社会文明程度不断向更高水平迈进。中国人民自古以来就不缺少聪明智慧，医学著作《本草纲目》的问世，造纸术、印刷术、陶瓷、纺织等民间技艺的蓬勃发展尽显古代中国智慧。到了近现代，科学巨匠邓稼先、钱学森等研制“两弹一星”奠定了大国地位、以“铁人”王进喜为代表的中国工人开创新中国石油工业新纪元、“杂交水稻之父”袁隆平解决了中国人的温饱问题、敢于攻坚克难的中国航天人完成中华儿女“上九天揽月”的美好夙愿……无论是科学技术的创新，还是军事实力的增强，都是人民群众聪明智慧的生动实践。平安稳定源于人民群众的行动参与。“上下同欲者胜”，人民不是社会和谐稳定的“看客”而是“主角”。大力推介的“西城大妈”故事、大力发扬的新时代“枫桥经验”，大力倡导的共商共建共治共享工作机制，在社会治理展示的各种先进事迹、成功模式和科学体系中，其核心都是人民群众始终是“主人翁”、始终站在一线，可以说，人民群众是社会平安稳定的坚固基石，是真正的英雄。因此，只要我们始终牢记人民群众是推动事业发展的力量源泉，团结、发动和依靠人民群众，就一定能创造出一个又一个新的春天故事。

人民群众是变革的生力军

马克思主义认为人民群众是社会变革和历史发展的决定力量，人民群众在创造物质财富和精神财富的同时，也创造并改造着社会关系，最终推动生产关系的变革、社会制度的更替。人民群众对历史发展起决定性作用在社会变革时期表现得最为突出。在阶级社会中，生产关系的根本变革、社会制度的新旧更替，都是通过人民群众的革命来实现的。在新兴地主阶级反对奴隶制的过程中，群众始终是社会革命的主力军。反对资本主义的斗争，是通过无产阶级领导广大人民群众来进行的。进入社会主义时期后，人民群众作为社会变革的决定力量，他们所起的作用是通过改革、巩固和完善社会主义制度来实现的，也是在通过依法管理国家事务和社会事务，管理经济和文化事业中实现的。社会变革由社会主要矛盾影响和引发，当前中国的社会主要矛盾是人民日益增长的美好生活需要和不平衡不充分的发展之间的矛盾。适应社会主要矛盾的新变化，要坚持发展是硬道理，但必须是高质量的发展，要实现高质量发展，必须推进质量变革、效率变革、动力变革。所有这一切都与人民群众的利益息息相关，改革创新最大的活力蕴藏在基层和群众中间，人民群众无疑是最直接的参与者和推动者。百余年党史告诉我们，一切为了人民是改革矢志不渝的根本目标，紧紧依靠人民，是改革深入推进的力量源泉。全面深化改革进入“落实周期”之后，如果没有人民群众的支持和参与，任何一项改革都不可能取得成功；缺少群众拥护和推动，全面深化改革也难以实现既定目标。“大鹏之动，非一羽之轻也；骐骥之速，非一足之力也。”人民群众是全面深化改革的“生力军”。越是面对艰难复杂的改革任务、世所罕见的风险挑战，越要更加自觉地贯彻党的群众路线，善用群众的参与热情，畅通群众的参与渠道，完善群众的参与机制，切实做到全面深化改革为了人民，全面深化改革依靠人民，全面深化改革成果由人民共享。唯有如此，才能让一切推动社会发展的活力竞相迸发，让创造社会财富的源泉充分涌流，让发展成果更多更公平地惠及人民群众，让改革红利更多地落在人民群众身上，让人民群众生活更加幸福安康。

守正创新是最大的节约

守正和创新在基层治理中是共生互补、辩证统一的。守正就是要坚持以民为本，深刻分析人民“亟需”和发展“必备”，充分体现治理的智慧和温度，让人民切切实实感受到治理的效能，创新就是要转变传统观念，开拓思维眼界，充分发挥智慧，提升治理效能。

马克思认为，“创新是一种人类特有的活动”，同时指出，“创新要遵循客观规律”。习近平总书记强调，我们要准确把握时代大势，勇于站在人类发展前沿，聆听人民心声，回应现实需要，坚持解放思想、实事求是、守正创新。只有坚持守正创新，才能避免方向不偏、旗帜不倒，少走弯路，才能团结一切可以团结的力量，调动一切可以调动的积极因素，为高质量发展蓄势聚能。由此可见，守正创新是最大的节约。

守正创新是书写百年史诗的动力

“守正创新”是党的思想原则和思想方法。百余年来，我们党始终坚持以马克思主义为指导，以创新推动实践发展，形成了中国特色社会主义道路、理论、制度和文化，开辟了科学社会主义发展新境界。守正创新赋予了中国道路之动力。独立自主走自己的路，是我们党自信自强、守正创新的鲜明体现。在道路选择上，我们党始终坚持科学社会主义的基本原则和理论逻辑，与此同时，赋予科学社会主义鲜明的中国特色，开辟了中国特色社会主义道路，极大提高了社会生产力水平。特别是党的十八大以来，以习近平同志为核心的党中央深刻认识到中国特色社会主义道路是实现社会主义现代化、创造人民美好生活的必由之路，在实践中不断深化，在深化中不断拓展，让科学社会主义在21世纪的中国焕发出强大生机活力。守正创新增添了中国理论之底色。作为马克思主义政党，我们党牢牢坚持以马克思主义为根本指导，对其真信、真学、真用，提供了解决现实矛盾的强大理论武器。为找到解决中国问题的正确方案，中国共产党不懈探索马克思主义中国化的实现路径，创立了毛泽东思想、邓小平理论，形成了“三个代表”重要思想、科学发展观、创立了习近平新时代中国特色社会主义思想，这些一脉相承又与时俱进的马克思主义中国化理论成果，有力指导了经济发展实践。守正创新提供了中国制度之方案。制度的发展和完善，同样是守正创新的生动表现，中国共产党在领导革命、建设、改革过程中，始终把制度建设和制度创新放在突出位置，既按照推进新民主主义革命和社会主义建设的基本原则创设了国家根本制度、基本制度，又及时结合中国国情，不断强化顶层设计，将成熟的实践经验通过制度稳定下来，不断推进一系列适应中国国情和时代发展要求的重大制度创新，在国家治理中显现出巨大的制度效能。守正创新积攒了中国文化之精华。我们党在发展的每个阶段，都秉承守正与创新相统一，带领全国各族人民继承、创新中华优秀传统文化，并在此基础上创造、发展革命文化和社会主义先进文化，使中国特色社会主义文化始终反映时代精神、引领时代潮流，不断铸就中华文化新辉煌。历年来，我们党坚持守正创新，不断推进马克思主义中国化，推进中国特色社会主义经济、政治和文化建设，大大压缩了现代化建设的奋斗时间，用几十年走过了西方发达国家几百年走过的工业化道路，让中华民族迎来了从站起来、富起来到强起来的伟大飞跃，前所未有地接近实现民族复兴的伟大目标。

守正创新是冲破思想桎梏的利器

思想是行动的先导，守正创新是面对大变革大趋势的根本之策。当今世界百年未有之大变局加速演进，国际形势风云突变，地区冲突不断升级，贸易保护主义、单边主义、民粹主义等逆全球化暗流涌动，不稳定性、不确定性明显增加。特别是以美国为首的西方国家一直鼓吹“中国威胁论”，歪曲中国和平发展的国际形象，不仅在政治、经济、安全等方面肆意打压，而且在思想观念、意识形态、道德文化等方面肆意抹黑，妄图消解我国主流意识形态，并通过设置“话语陷阱”，评判中国道路、中国制度，试图误导中国改革开放的方向。当前我国正处于中华民族伟大复兴关键时期，面对艰巨的改革发展稳定任务和各种矛盾风险挑战，也出现了一些不良思潮，如新自由主义、民主社会主义、历史虚无主义、精致利己主义等，这些不良思潮严重侵蚀党的肌体，腐蚀人的心灵，给我国意识形态领域造成了相当大的冲击，进而引发人民内部物质利益矛盾。如果没有统一的思想基础，就会失去凝聚人心的精神纽带，就不能科学回答中国之问、世界之问、人民之问、时代之问。为此，我们必须巩固马克思主义在意识形态领域的指导地位，巩固全党全国人民团结奋斗的共同思想基础，并在此基础上，革新传统思维观念和原有做法，加快构建中国话语和中国叙事体系，妥善应对各种风险挑战。

守正创新是走向光明未来的依仗

昂首阔步向未来，实现中华民族伟大复兴进入了不可逆转的历史进程，发展进入新时代，更需不断坚持理论和实践上的守正与创新，持续解锁中国共产党人接续奋斗的精神密码，发挥中国特色社会主义制度优势，强化“中国之治”整体效能。文化深耕需坚持守正创新。文化是根、是魂，更是社会发展进步的内驱力，对历史文化特别是先人传承下来的思想观念、人文精神、道德规范，必须坚持创造性转化与创新性发展，有鉴别地加以对待，有扬弃地予以继承。特别是在传播技术不断进步的今天，科技“赋能”带来新一轮机遇，只有推陈出新，赓续传承，树立互联网思维，用好短视频等新媒体平台，才能带动人民群众在理想信念、价值理念、道德观念上紧紧团结在一起，让传统文化与时代精神相融合，让中华文化焕发新活力。时代进步需坚持守正创新。近年来，互联网、大数据、云计算、人工智能、区块链等技术加速更迭，日益融入经济社会发展各领域、全过程。在这样一个重要的历史关口，错过一次机遇，就错过了一个时代。必须认清形势、抓住时机，既一脉相承又与时俱进，坚持创新，在关键核心领域实现重大突破，为加快推动经济社会高质量发展增添“新引擎”、带来“新动力”，更好地引领我国经济发展新常态，为坚持和发展中国特色社会主义、实现中华民族伟大复兴奠定雄厚物质基础。人民实践需坚持守正创新。新时代中国特色社会主义的发展是以人民为中心的发展，不是以少数人为中心的发展。随着人们物质生活的极大改善，人民群众的需求在不断增长。面对人民对美好生活向往多样化、多层次、多方面的特点，我们既要践行社会主义核心价值观，倡导大众创业、万众创新，又要把握现实脉络，不断制定新的阶段性目标，一步一个脚印沿着正确的道路往前走，让群众感到生活一年更比一年好，一起奔向未来，沿着共同富裕的康庄大道开拓前进。

守正不渝，创新不止。我们已经走过了万水千山，但走向未来仍需要不断跋山涉水，在大力推进中国式现代化的道路上，还需始终坚持守正创新，以“致广大而尽精微”的战略定力，谱写好新时代发展进步的壮丽篇章。

互联网思维是最大的变革

随着“互联网+”时代的到来，政府层级架构逐渐向着多元化、扁平化的方向发展，这种变化为基层治理带来了新的机遇和挑战。

1995年，中国第一家互联网企业瀛海威公司在中关村竖起一块巨大的广告牌：中国人离信息高速公路还有多远——向北1500米。二十多年后，任意一台智能手机都能随时随地连上这条高速公路，互联网已经渗透到了我们工作生活的每个角落。在这个大背景下，任何一个人，不管贫穷还是富有，年长还是年轻，都必须接受互联网、应用互联网、研究互联网。领导干部，作为经济社会发展的关键力量，更应主动强化互联网思维，提升自身工作水平。

把握“网联网运行”网络特点，增强系统观念，自觉把大局抓起来

互联网是一个全域性的大平台，不分群体个体，不分局部整体，所有人都置身其中。因此，很容易“不识庐山真面目”。领导干部必须自觉跳出来，胸怀全局、顾全大局、服务大局、维护大局。从战略全局的高度、遍及全域的广度和顾及全体的角度分析形势，判断是非，作出决

策。不能满足于经营好自己的一亩三分地。要把握“互联网+”战略的深刻内涵，将意识形态、经济发展、产业升级等工作与互联网结合起来，搭建更广泛、更有效的交流平台，增强服务能力，提高创新能力。要掌握互联互通的网络管理办法，充分运用互联网进行数据分析，认真做好分析调研、民主决策、执行监督和效果评估等各项工作，自觉运用辩证和系统的方法推进工作。

把握“面对面互动”网络特点，增强平等观念，自觉把身段放下来

互联网是一个没有层级的网状结构，不分地位高低，不分资历深浅，所有人都是平等的。互联网时代，领导干部如果固守传统的层级管理观念，很难提高工作效率。任何一次会议精神，一旦在互联网上发布，最基层的群众就与各级领导干部同时知晓，传统信息垄断形成的信息壁垒不复存在，传统习惯要求的层层传达不合时宜，一级一级开会的效果越来越差，有时因为解读不到位反而会引起反感。任何一次突发事件，在这人人都有“麦克风”、个个都是“发言人”的时代下，如果不关注互联网，仍等待信息层层上报，很可能出现中央领导的批示到了，身边的管理者却不知道的情况。这是互联网时代信息平等所可能导致的一种情形，如果不理解，上级可能大发雷霆，下级也可能心生愤懑，影响心情，影响团结，影响工作。互联网中的世界是“平”的，领导干部必须深刻理解互联网带来的扁平化管理要求，主动把身段放下来，自觉去除高高在上的心理，摆脱妄自尊大的作风，真正践行群众路线，深入基层，深入一线，了解实情，掌握实情。必须把加快经济发展、维护社会稳定、倡导良好风气等岗位责任扛起来，努力学习互联网知识，掌握互联网规律，自觉利用互联网发声，积极成为网络“大 V”，抢占制高点，传递正能量。

把握“点到点交流”网络特点，增强效率观念，自觉把责任扛起来

互联网是一个点到点直接联通的网状结构，不分距离远近，不分圈内圈外，所有人都能直接沟通交流。比如对于微信的使用，任何一个领导明确自己的工作职责后，都可以把每一项具体工作任务通过不同的微信群直接分配给相关人员，一点即到；工作进展情况也可以通过微信直接反馈回来，一看便知；政策执行效果还可以通过数据分析评估，一目了然。又比如智慧城市，城市管理、交通管理等工作都可以通过统一的指挥平台调配督察，大大提高工作效率。领导干部必须充分发挥互联网影响广泛的优势，加强专业知识的学习，成为业务型、管理型的专家，以专业视野、专业水平、专业精神去分析问题、解决问题，通过互联网扩大影响力、提高公信力，增强人民群众执行决策的自觉性。

把握“背靠背监督”网络特点，增强法纪观念，自觉把形象亮出来

互联网是一个无影无踪的网状结构，不分男女老少，不分白天黑夜，在互联网上的动态总会被人关注，任何公众人物，任何领导干部都成了没有秘密的“透明人”。作为领导干部，理应成为社会表率，也理应坦然接受公众的监督，一言一行、一举一动都应经得起检验。因此，领导干部遵纪守法、品行端正可能不会有人注意，而一旦思想行为有不良表现，则可能无限扩大，成为大家“拍砖”的活靶子。“我爸是李刚”“表哥”“房叔”等舆情事件，都证明了舆论监督的强大力量。党纪严于国法，领导必须带头。这是党员领导干部廉洁从政的基本要求，更是中华民族传统文化带来的启示。领导干部必须严守法纪、谨言慎行，牢记习近平总书记“吃百姓之饭，穿百姓之衣，莫道百姓可欺，

自己也是百姓；得一官不荣，失一官不辱，勿说一官无用，地方全靠一官”的教诲，低调做人，高调做事，勤政廉政，克己奉公，践行全心全意为人民服务的宗旨，树立公道正派的形象。

新发展理念是最大的遵循

面对新时代的新要求和新任务，必须将五大发展理念贯彻到基层治理的全过程和各方面，以新发展理念引领基层治理体系完善和治理能力的提升。

当今世界，信息互联空前便捷，国际合作不断深化，资源要素全球流动，生产生活高度发达，世界经济相互依赖、相互渗透，全球逐渐融合成一个统一的整体，经济发展呈现许多新的特征，值得深入研究，准确把握，更新理念，认真应对。

牢牢把握潜量借智的时代特征，
大力倡导创新发展理念

社会发展除了单纯的自然增长外，只要有人的积极参与，必将出现借力发展、借资发展、借智发展三种表现形态。

当生产力不发达、资本流动性不强、货币的保值增值功能处于主导地位时，人们崇尚有多少钱办多少事，大多选择“存量借力”方式，即先把财富积累起来，再借助他人的力量推进项目建设，通过项目建设助推社会发展。

当货币发行比较充足，资本流动性大幅增强，人们的基本生活有了

较好保障的情况下，冒险意识进一步强化，开始选择“增量借资”方式，即以未来一段时间预期可得收入为基础，通过向银行或者社会融资的方法，用未来的钱干今天的事，通过大投入推进大开发，大开发带动大建设，大建设改善大环境，大环境吸引大资源，实现良性循环。

当货币发行过剩、贬值预期增大的时候，就会出现资本找项目的情况，只要有好的创意、好的项目，就能受到社会资本的青睐，“潜量借智”的发展模式就会变为现实。

在“潜量借智”时代，创新创意是经济发展的“第一动力”。充分发挥知识经济和顶尖人才的引领作用，强化创新理念，出台鼓励创新的政策措施，围绕区域产业特色化、差异化、高效化的目标，瞄准国际国内两个市场，加快推动供给侧结构性改革，激活创新资源，提升创新能力，推进新旧动能转化，用先进理念弥补区位、交通、人才的不足，构筑吸引社会资本的经济洼地，推动“大众创业、万众创新”，形成“众人划桨开大船”局面，完全有可能实现经济发展的后发赶超。

牢牢把握多轮驱动的时代特征，大力倡导协调发展理念

从发展动力上分析，传统计划经济对应的是前轮拉动，纯粹市场经济对应的是后轮推动，中国特色社会主义市场经济对应的是多轮驱动。

传统计划经济属于典型的“政治经济”模式，要求一切行动听指挥，所有经济活动必须服从党委、政府的安排，生产什么、生产多少、何时生产，都取决于领导人的决策，领导人的政治智慧决定了经济发展的快慢，这是政治引导经济的直接结果。纯粹的市场经济属于“盲目经济”模式，忽视政府的积极作用，坚持一切按市场规律办，资本逐利属性被无限扩大，垄断经营、经济危机等问题不可避免，社会发展陷入一次又一次萧条、复苏、高涨、萧条的恶性循环。

中国特色社会主义市场经济在体制上克服了传统计划经济和纯粹市

场经济的弊端，在政府宏观调控和发挥市场作用间寻求平衡点，特别是互联网时代，政府对市场有可能实现十分精准到位的调控和监管，通过科学分析各类数据，合理调动各方力量，有序组织生产活动，从而实现政府引导、市场主控、行业自律、群众参与的多轮驱动发展。

在“多轮驱动”时代，要更加注重以发达地区反哺落后地区，推动城市集群抱团，实现区域协调发展；以城市反哺农村，推动资本、人才的合理流动，加快新型城镇化建设，实现城乡一体化发展；以工业反哺农业，推进传统农业现代化、智慧化，以一、二、三产业的深度融合，促进资源配置、生产要素的相互渗透，实现产业协调，构建区域间、城乡间、产业间的协调发展大格局。

牢牢把握集约增长的时代特征，大力倡导绿色发展理念

从经济发展方式上分析，经济的发展先后经历了自然增长、粗放增长、集约增长三个阶段。受制于低下的社会生产力，人们依靠传统的农业和手工制作缓慢推动社会发展，经济增长很大程度依赖于天时、地利，这就是传统的农耕经济自然增长阶段。工业革命以后，机器生产代替手工劳作，社会进入高速发展阶段，以“高投入、高消耗、高排放、低效率”的“三高一低”为主要特征的粗放增长，导致自然资源索取过度，社会发展以生态退化、自然灾害增多为代价，人民的生活与身体健康可能受到损害。伴随着资源的大量消耗，制约发展的瓶颈凸显，必须走出一条整合资源的发展道路，通过使用创新技术，优化组合生产要素，提高劳动者素质和增加资金、设备、原材料的利用率等，实现经济集约化增长。

在“集约增长”时代，“既要金山银山，也要绿水青山”得到广泛认同，土壤治理、环境修复、生态建设成为重要内容，污水处理、垃圾治理、环保设施成为重要项目。坚持生态保护与经济社会发展共赢，推

行绿色修复的深度合作体制，积极探索生态补偿、生态转移支付机制，建立跨区域生态补偿基金，进一步放大绿水青山的生态效益、经济效益、社会效益成为社会的普遍共识。

牢牢把握全域开发的时代特征，大力倡导开放发展理念

发展的过程就是资源变资产、资产变资本、资本变资产、资产变资源的循环往复过程。随着经济基础不断夯实，社会财富不断累积，社会发展经历了重点开发、轴线开发后，现已进入全域开发阶段。改革开放之初，由于建设资金紧缺，我国实施“引进来”战略，设立深圳、珠海等经济特区，大力引进外资，以外资的流入带来技术、品牌等生产要素更新和升级，推动我国加工贸易等产业发展，带动出口高速增长。随着国家经济实力的增强，发展战略开始向长江经济带、环渤海经济圈、西部大开发、长株潭城市群等带状（片区）布局，轴线（片区）开发成为重要形式。现在我国已成为世界第二大经济体、第一大货物贸易国，迫切需要发展更高水平的开放型经济，并形成支撑高水平开放和大规模“走出去”的体制机制，国家推行“一带一路”，组建亚洲基础设施投资银行，就是为了放眼全球，瞄准世界，着眼全域搞开发，为世界经济做贡献。

在“全域开发”时代，必须有全球视野，有开放胸怀，以“不求所有，但求所用”的理念，瞄准全球资源，紧盯全球市场，布局基础设施和产业项目，扩大中华文化影响，增强综合实力。为增强国际竞争力，地区间要不断完善抱团合作机制，打破地缘因素屏障，打开互利合作“通关之门”，逐步建立区域性统一市场体系，加快发展城市发展群、经济发展带，共同建设开放新平台、共筑开放新高地、培育开放新优势，将开放发展作为区域合作的纽带，以大智慧与大胸怀谋求经济领域全开放、社会利益最大化。

牢牢把握赛场竞技的时代特征，大力倡导共享发展理念

从价值观上分析，财富转移主要有三种方式。以“强力”为保障，以“抢劫”为特征的“战场竞技”；以“规则”为保障，以“欺骗”为特征的“赌场竞技”；以“公开”为保障，以“公平”为特征的“赛场竞技”。战场竞技表现为人类对自然资源的无序开发、掠夺开采，一个国家对另一个国家的战争侵略、抢劫财富，人民群众违反规律地加班加点、过度劳作等。赌场竞技表现为一国或几国制定规则，形成一定的垄断优势，辅之以较大的发展诱惑，吸引他国参与进来，通过不合理的规则实现财富的大转移。最突出的是布雷顿森林货币体系，在布雷顿森林货币体系中，美元被确立为世界货币，与黄金挂钩，成为国际结算的工具，而美元的发行却掌握在美联储手中，少数金融资本家通过控制货币发行，一次又一次洗劫世界其他国家的财富。赛场竞技是中国影响力不断扩大后在发展路径上对世界作出的重大贡献，主张世界是一个大赛场，各个国家和地区都可以选择优势项目参加比赛，以开放、包容、共赢、共享为价值取向，目的在于充分调动世界各国、各地区人民的积极性、创造性。

在“赛场竞技”时代，各个国家、各个地区必须着眼本地实情，挖掘本地特色，勤奋努力，艰苦工作，确定为世界作贡献的取向，凭贡献换取回报；同时，要把和平与发展作为时代主题，推进国际合作向更广领域、更高水平拓展，通过设施共建、社会共治、服务共享，使各个国家、各个地区更多地分享合作发展、互补发展、共享发展带来的机遇和红利。

立德树人是最大的底气

教育作为培养新时代人才的摇篮，对基层治理产生深远的影响。不仅为基层治理提供了有力的人才保障，还通过创新教育理念和方法，推动基层治理体系和治理能力的现代化。

习近平总书记强调，培养什么人、怎样培养人、为谁培养人是教育的根本问题。培养什么样的人？需要审时度势、见微知著、正本清源，把握好培养人的方向、重点和关键。怎样培养人？学而时习之，温故而知新，广大教师应该从师范教育经历及多年教学实践经验中去寻找答案。为谁培养人？中华民族伟大复兴的历史使命决定了教育的职责是为党育人、为国育才。

审时度势，只有认清形势
才能把握好培养人的方向

习近平总书记指出，当今世界正经历百年未有之大变局。大变局产生的原因，在于撕裂社会的力量很强，而凝聚的力量太弱，整个社会蕴藏着巨大的变革力量。

帝国的傲慢带来国际形势的动乱。美国作为超级大国，本应携手国际社会共同承担起维护全球共同利益、促进世界经济复苏、开创人类更好未来的责任。然而，它沉湎一己私利，颠覆传统道德标准，在全球制造动荡，成为破坏世界政治经济稳定的源头。美帝国主义以科技的垄断向全世界展示霸权，以武器的泛滥制造国内外危机，以资本的狂欢侵蚀实体经济，以疫情的放纵加剧病毒蔓延，以俄乌的冲突巩固北约主导地位，以台海的危机妄图将中国拖入战争。如此种种，美国将自私与贪婪表现得淋漓尽致，企图通过意识形态渗透消磨全世界进步人士的意志，摧毁进步人士的信仰，瓦解进步人士的斗志，把国与国的关系撕裂，以拉帮结派的方式遏制全球化的趋势，加剧国际形势恶化进程。

权力的滥用带来腐败现象的蔓延。孟德斯鸠指出，一切有权力的人都容易滥用权力，这是万古不易的一条经验。在社会主义核心价值观的引领下，正能量是主流，但不可否认的是，局部的不和谐因素仍在增加。一是公权者的滥权撕裂了行政管理秩序。部分手握公权者忘记了所拥有的公权，并不是与生俱来的，也不是从天而降的，自身能力素质更不会随着职务升迁、资历加深而自然提高，走上领导岗位后志得意满，自以为高人一等，使决策与现实脱节，意图在执行中变味。更有甚者，在权力中迷失自我，不惜以身试法、铤而走险，严重影响了政治生态和社会风气，破坏了政府公信力。二是私权者的滥权撕裂了平等交往秩序。财富是社会的，任何浪费都是犯罪。在改革开放浪潮中先富起来并带动其后代坐拥巨额财富的部分既得利益者，没有深刻认识到财富是社会资源，把金钱看成自己的势力，为富不仁、财大气粗、随意挥霍，造成社会资源的浪费。甚至有些人凭借财富“围猎”国家工作人员，大肆行贿、腐败堕落、绑架公权，严重侵蚀社会风气，践踏公平正义，损害人民群众根本利益。三是维权者的滥权撕裂了社会运行秩序。依法上访是国家赋予公民的一项权利，公民必须按照国家的规定和要求，依法表达自己的正当诉求。部分老百姓在不理智的情绪影响下，违反规定的程序和方式，通过制造轰动事件、极端事件进行非正常上访，严重干扰正常的工作、生活和社会秩序。甚至部分人以此为生活方式谋取不正当利益，破坏了社会的稳定，损坏了法治的权威。

精英的堕落带来社会风气的恶化。对精英教育的过度推崇和坚守，让部分精英不免陷入精英主义误区，他们漠视父辈的积累、社会的支持及他人的帮助，将个人成绩完全归功于自己努力，进而产生优越感，把自己固化为高高在上的社会阶层，沦为精致的“利己主义者”。一是高知阶层有文化未必有良知。当今社会存在一批“高学历的野蛮人”，他们虽然接受过高等教育，却缺乏基本的信念和责任感，为人粗鲁自私，待人尖酸刻薄，处事世俗老道。有人为了所谓的前途，践踏传统伦理道德，同事间相互陷害、社会上目无法纪、亲情上漠视逃离，“砖家”“叫兽”“公知”披着文化的外衣获得名利地位，这类人一旦掌握权力，比一般的贪官污吏危害更大。二是明星艺人有流量未必有德行。在流量变现机制下，一些娱乐明星本人和经纪公司热衷于立人设、赚快钱，天价片酬滋生拜金主义，腐化社会风气。与此同时，部分明星屡出不当言行，甚至逾规越矩，接连爆出涉黄涉毒、代孕弃养、逃税造假、酒驾家暴等行为，污染网络环境，造成恶劣社会影响，不被法律所容，亦不为道德伦理所接受。三是特殊行业有特权未必有底线。个别行业巨头凭借垄断特权掌控制度设计，无偿占有或低偿使用公共资源，资本逐利的天性使他们打压异己、与民争利，企业获取了高额垄断利润，企业高管领取到天价薪酬，干扰了我国收入分配秩序，加剧社会财富水平两极分化。与此同时，垄断行业肆无忌惮地限制竞争和侵害消费者利益，成为贪污贿赂犯罪高发区，不但没有担负起自己发展社会的责任，反而开始危害社会。

以上三种表现形式将造成社会撕裂，滋生安全隐患。因此，广大教育工作者必须认清形势，将打压和改变帝国的傲慢、权力的滥用、精英的堕落作为教育的方向，强化社会大局观、国家总体观、世界大同观的教育，引导学子抛弃互害模式，弘扬利他精神，从而使撕裂的力量不断减少，凝聚的力量不断增强，培养和造就全面发展的社会主义合格建设者和可靠接班人。

见微知著，只有剖析问题
才能抓住培养人的重点

十年树木、百年树人，教育最终旨归在于服务社会发展进步。当前社会，人才培养存在“精英化”趋势，看似合理，实则不然。自然状态下，社会人才结构呈“金字塔”形，精英只是尖端少数，唯有各层次人才各司其职、通力合作才能实现社会的和谐稳定、高质量发展。教育要回归本质本真，尊重客观规律，因势利导，以人才的精细化定位、差异化发展实现社会的繁荣进步。

精英教育要突出“济天下”。精英主要是指掌握权力、资源等社会影响力较大的群体。常言道，能力越大、责任越大。对精英的教育必须突出社会责任感、使命感，引导其担当奉献，行大道以利天下。要公私分明有边界。精英的培养需要国家和社会付出高昂成本、消耗大量资源。要引导精英群体看到个人成长成才背后的公共投入，常怀感恩之心，正确认识和处理公私问题，准确把握个人、集体和国家的利益关系，严守公私界限，这是推动精英践行公心的前提与基础。要先公后私有次序。作为集资源与关注于一身、集权力与义务于一体的社会精英，理应要有更高的觉悟、更广的胸怀。要教育精英把党和国家以及人民群众的利益摆在个人利益之上，当两种利益发生冲突时，自觉坚持先公后私，坚决维护党和国家以及人民群众的利益。要大公无私有格局。“我将无我，不负人民”。克己奉公、大公无私是精英兼济天下的落脚所在。在严守公私之分、明确公私之序的基础上，要进一步引导精英超越功名利禄的“小我”，追求为党分忧、为国尽责、为民奉献、大公无私的高远境界，不负人民重托、无愧历史选择。

国民教育要突出“强筋骨”。如果说特殊、少数的精英教育是打造社会的“龙头”，那么整体、大众的国民教育则是锻造国家的“筋骨”，

国民教育的重要性不言而喻。要涵养自尊之心。苏联著名教育实践家苏霍姆林斯基认为，教育的核心在于让学生始终体验到自己的尊严感。这种自尊本质上是一种自我价值感、认同感。要引导学生树立“天下兴亡、匹夫有责”的思想认识，正视自身责任使命，以更加自信昂扬的姿态，努力在社会中发光发热、成长成才。要培植自立之行。引导学生自立奋进，继而推动整个社会踔厉奋发是教育的重要使命和应有之义，要让学生在关爱与鼓励中认识自我、发挥自我、自主自立。这种自立既包括要传授学生自立的知识，夯实能力素质的基础；也包括要鼓励学生自立的行为，养成独立自主的习惯。要倡导自强之风。自强不息是一种比学术学识更为宝贵的内在风骨，引导自强是强壮个人内心、强大国家精神的重要教育。要强化挫折教育，锻炼广大学生的意志品质，结合世情国情，引导学生立足自身学习和生活实践，砥砺前行、克难奋进。面对不良风气和丑恶现象，要敢于斗争、善于斗争，立志为国家和社会作出应有贡献。

通识教育要突出“扬正义”。正义是反映人类文明的重要标志，也是推进社会治理的重要保障，作为与社会发展进步紧密相关的通识教育，其对正义的突出和体现，可以从三个维度把握。一是要认清政治。作为红色政权领导下的社会主义国家，旗帜鲜明讲政治、坚定不移跟党走就是最大的正义。通常而言，政治管特殊、管少数，但在时势变化加剧的今天，明政治、讲政治应成为各行各业的共同认识，应成为每位国民的基本操守。社会教育要厚植正确政治观念，引导个人和集体坚持党的领导，坚决服从国家意志。二是要坚守法治。在社会治理模式中，法治管基础、管基本，坚守法治就是坚守社会公平正义。要教育引导社会大众坚定法治信仰、树牢法治思维、强化法治意识，把依法履职、依法行事内化为个人行为准则，共同营造知法、守法、用法、普法的良好环境，以法治守护社会公平正义。三是要强化德治。法律是成文的道德，道德是内心的法律，二者相辅相成，正义是二者的共同追求。坚守法治的同时，也要善于运用道德的软约束维护正义，这就要求我们每个人都注重加强自身修为修养，涵养良好道德品质，并对身边人形成正面影响和积极引导，让清朗正气在全社会蔚然成风。

正本清源，只有群策群力
才能抓住培养人的关键

教育寄托着个人成长、家庭期盼，承载着国家的希望、民族的未来。办好教育事业，全社会都有责任，都要共同担责，努力构建协同育人体系，形成振兴教育的强大合力。

要强化“大教育”观念，把学校教育、家庭教育、社会教育有机结合起来。习近平总书记指出，办好教育事业，家庭、学校、政府、社会都有责任。要充分发挥学校、家庭、社会各自优势，凝聚起强大育人合力。要强化学校教育“主阵地”作用。学校是学生学习基础知识、提高智力因素的主要场所，坚持“五育”并举，切实把教书与育人、言传与身教结合起来，在潜移默化中给学生以智慧启迪和精神力量。要发挥家庭教育“大后方”作用。家庭是人生的第一所学校，家长作为孩子的第一任老师，要发挥好独特优势，将孩子培养成具有高尚道德情操、优秀文明素养、良好行为习惯的人，帮助孩子扣好人生第一粒扣子。要健全社会教育“强支撑”作用。社会教育是使人身心和谐发展的各种社会活动，是除了学校和家庭之外的另一类教育环境。全社会要形成坚决反对唯利是图、金钱至上的共识，营造良好的育人环境，引导全社会树立科学的教育观念，形成全社会关心支持教育的良好氛围。

要强化“大人才”观念，把学习能力、劳动能力、创新能力有机结合起来。习近平总书记多次强调，要推进教育改革，提高教育质量，培养更多、更高素质的人才。为此，要重点提升学生学习能力、劳动能力、创新能力，培育高素质人才。一是要提高学习能力。积极推动“满堂灌”“填鸭式”教学方式向“启发式”“探究式”转变，坚决扭转“分数至上”“应试教育”的落后理念，把学习时间还给学生，让学

生爱上学习，自觉做学习的主人。二是要提高劳动能力。著名教育学家陶行知先生提出“六大解放”思想，让儿童的头脑、双手、眼睛、嘴、时间、空间自由，这也正是“双减”政策的目的所在。学校要以丰富开放的劳动项目为载体，积极组织学生参加日常生活劳动、生产劳动和服务性劳动，合理安排适量的劳动家庭作业，培养学生正确的劳动价值观。三是要提高创新能力。充分尊重并保护学生的兴趣爱好，激发学生好奇心，鼓励学生提出个人看法与见解，通过增强学生提出问题和独立思考、解决问题的能力，着力培养一批符合新时代要求的、拥有独立健全人格的高素质人才。

要强化“大保障”观念，把政府支持、家长支持、社会支持有机结合起来。习近平总书记强调，教育是民族振兴、社会进步的重要基石，是功在当代、利在千秋的德政工程。必须凝聚政府、家长、社会多方合力，共同强化保障。要深入实施优先发展战略。一以贯之地坚持教育优先发展战略，确保教育发展优先规划、教育投入优先安排、教育用地优先保障、教育用人优先补充、教育问题优先解决，全力保证教育投入，积极创造良好的育人环境。要全力提高家长教育意识。积极引导广大家长与时俱进，更新教育理念和方法，并在孩子求学之路上给予经济支持，投入真情实感，着力构建健康良好的亲子关系，让孩子心无旁骛地投入学习之中。要持续凝聚社会各方力量。积极发动爱心企业和企业家参与到教育公益事业中来，帮助建好教育硬件设施，奖励优秀教师，资助贫困学生，切实让教育获得全社会的关爱帮助，让脚下这座文明之城变得更有高度、更有厚度、更有温度。

生命至上是最大的福祉

在基层治理中，卫生健康事业发挥着举足轻重的作用。一方面，通过加强基层医疗卫生服务体系建设，提高基层医疗服务能力，可以有效缓解看病难、看病贵的问题，增强人民群众的获得感和幸福感。另一方面，通过普及健康知识、倡导健康生活方式，可以提升群众的健康素养，减少疾病的发生和传播，为基层治理创造良好的社会环境。然而，当前基层卫生健康事业仍面临诸多挑战。如基层医疗资源不足、医疗水平不高、公共卫生服务能力不强等问题依然突出。这些问题不仅影响了基层治理的效果，也制约了社会整体的发展。因此，加强基层卫生健康事业建设，提升基层公共卫生服务能力，已成为当前基层治理的重要任务。

卫生健康事业是密切关系群众健康福祉的重要工作，是检验政府民生保障、执政能力等工作成效的重要体现。医师是人民群众离不开的、最该被尊重的职业之一。在新的赶考之路上，基层卫健系统要以提高人民群众健康水平为中心，奋力谱写卫生健康事业高质量发展新篇章。

提纲挈领，切实增强基层卫健系统使命担当

习近平总书记指出，人民群众不但要求看得上病、看得好病，更希望不得病、少得病，看病更舒心、服务更体贴，对政府保障人民健康、提供基本医疗卫生与健康服务寄予更高期望。卫健系统的使命就是为人民群众的生命健康提供优质服务，其关键词有三，即人民群众、生命健康、优质服务。

要抓住人民群众这一关键主体，把服务对象摸清。俗话说，“心中有数，遇事不慌”。只有把底数弄清、情况吃透、问题找准，工作起来才能有的放矢，得心应手。为群众健康保驾护航，首先要清楚我们服务的群体主要集中在哪里。一是要密切关注工薪阶层。职场压力和社会压力导致的心理生理问题给职场人群带来重大健康隐患，在工作场所接触各类危害因素导致职业健康问题层出不穷。我们必须顺应时代特征，加强职业病防治和健康管理，帮助改善职工亚健康状态，降低职工发病率。二是要密切关注老年群体。老年人随着年龄的增长和身体条件的变化，产生了不同于其他人群的特殊健康需求。当前，我国已经进入人口老龄化快速发展阶段，根据国家统计局数据显示，2023 年年末我国老年人口占比已达 21.1%，为积极回应老年人对医疗服务的需求，我们要聚焦老年人失能预防、心理关爱、营养改善、口腔健康等项目，全方位满足老年人身心健康需求。三是要密切关注学生队伍。近视、肥胖、抑郁、过敏性疾病等青少年身心健康问题愈发突出。我们要根据学生的生理心理特点，准确把握青少年健康科普与健康促进的重要方向，促进学生的健康成长。四是要密切关注网民队伍。互联网时代，大量有关健康层面的问题、诉求和意见涌入各个新媒体平台。我们要走好网上群众路线，积极研究新情况，主动解决新问题，推动群众在生活、就医、保障等方面的实际困难和疑问得到有效回应。

要抓住生命健康这一关键指标，把服务领域探全。健康是指一种身

体上、心理上和社会适应方面的良好状态，而不仅仅是没有疾病和不虚弱，我们要引导人民群众全面认识、广泛关注健康问题。一是要持续守护肌体健康。当前，一部分老百姓疾病预防意识不强，往往因就医不及时导致小病演变成大病。基层医疗机构肩负着老百姓常见病、多发病、慢性病防治等工作，要提升基层疾病防、治、管能力，确保防得住大病，治得好小病，管得了慢病，为居民筑起全周期健康管理屏障。二是要格外重视心理健康。当前，个体心理行为问题和伴随引发的社会问题日益凸显，加强心理健康促进工作尤为必要。要从公众认知、基础教育、社会心理、患者救治、社区康复、服务管理、救助保障等全流程加大工作力度，以适应人民群众快速增长的心理健康和精神卫生需求，让群众在家门口就能解“心病”。三是要积极倡导习惯健康。世界上没有“药神”，每个人都是自己健康的第一守护者，要把公共卫生、公共应急、健康生活等科普工作纳入卫健工作重要内容，引导群众通过关注自身、改变行为来促进健康，推动形成“人人爱健康、人人爱卫生”的新风尚，让每个人成为自己健康的主宰者和健康中国建设的先行者。

要抓住优质服务这一关键要素，把服务内容做优。随着经济社会发展，人民群众的卫生健康需求已经从“有没有”转变为“好不好”。一是要积极探索个性化的有偿服务。为居民免费提供国家规定的基本医疗服务和基本公共卫生服务项目是卫健系统的职责使命所在，自家庭医生签约服务工作推进以来，雨湖区 85 支家庭医生团队，已累计为 30 余万居民提供健康服务。但在服务中最大的难题是基本医疗兜底保障能力有限，无法满足所有居民多层次、多样化的就医需求。因此，卫健系统要站在公益角度，积极推出符合不同人群需求的有偿服务，为人民群众的健康福祉提供更坚实支撑。二是要全力争取惠民性的低价服务。医院不是福利机构，为了生存就不得不考虑经济利益，因此看病难、看病贵一直是困扰群众的“老大难”问题。针对这一现象，卫健系统要结合医联体改革，不断优化医疗资源配置，逐步建立“健康靠个人、小病在社区、大病进医院、康复回家庭”的良性就医格局，为普通群众提供在家门口就能享受的安全有效、方便价廉的卫生健康服务。三是要靠前提供暖心意的主动服务。当前，医疗卫生服务需求与生活照料等其他需求叠加的趋势越来越显著。面对新趋势，如果我们不主动服务，公卫空间就会被挤占。因此，要强化服务理念，创新服务模式，提高服务水平，实现卫健系统整体服务水平的提升与基层医院各项工作全面、协调和可持续发展。

审时度势，高度警惕基层卫健系统撕裂现象

卫健工作直接面向群众，是保障人民健康的第一道防线。在做好常态化卫生健康服务工作的同时，要增强忧患意识，进一步正视突出问题和困难，在加强和改进中提升卫健工作质效。

财政困难影响了医改进程。受经济发展水平等因素的制约，特别是在财政吃紧的大形势下，基层医疗卫生服务体系建设离群众的期待仍然有一定的距离。一是医才长留难。基层医疗卫生机构工作任务繁重，但薪资待遇、职业前景却并不乐观，由此导致高学历专业化医疗人才引不进、留不住，基层医疗技术水平整体偏低。居民对基层医疗机构不信任，导致基层医疗机构“门庭冷落”，大医院“人满为患”现象。二是医器更新难。相对而言，基层医疗机构的检查设备比大医院薄弱，仪器老化，检查结果的精度和准度有待考证。此外，由于人员、阵地等条件限制，基层医疗机构无法科学设置专科、特色科室，导致只能“防部分病、治部分病”。三是医药保障难。目前《国家基本医疗保险、工伤保险和生育保险药品目录（2023 年）》正在执行，但一些常见药、常用药未纳入药品采集平台，群众无法在基层卫生机构予以采购。同时，部分药企因药品实行“零差价”“低利润”，对偏远地区的药品供应不及时，导致乡镇卫生院、村卫生室相关诊疗业务难以开展，群众用药需求难以完全满足。因此，我们要持续增强“造血功能”，不断激发“内生动力”，提供经费保障。

市场逻辑冲击了医疗伦理。从扁鹊到华佗，一代代医者以“医者仁心、救死扶伤”的使命与责任赢得了世人的敬重。然而，在私有化，自由化，市场化的冲击下，一些医疗领域的腐败乱象和不正之风正在蔓延。一是个别医院沦为花钱买命的商业场馆。近年来，医疗行业的商业化程度逐渐加深，在商业利益的驱动下，个别医院将赚钱盈利作为经营宗旨，他们忽视治愈率和患者权益等基本原则，例如，现在不少公立医院都是靠仪器和监测看病，依葫芦画瓢，变相抬高就医成本，小病大医成为普遍现象。更有甚者，不少专科医院、民营医院、“莆田系”医院把盈利作为“立院之本”，过度使用医疗资源和过度治疗患者，严重损害了医疗行业的公信力。二是个别医生沦为唯利是图的无情屠夫。医者仁心，治病救人是医生的天职，也是医护人员这一职业的崇高性、神圣性所在。但受西方资本主义价值观冲击和医生出国留学经历影响，医生队伍中出现了医术不精、心术不正、利欲熏心的害群之马，如震惊全国的“恶魔医生”刘翔峰，丧失道德底线，在医疗过程中将病人作为敛财工具，对医生这一神圣职业造成极大玷污。三是个别医企沦为暗箱操作的地下钱庄。较其他行业而言，医疗腐败更难被察觉和揭露，这就为腐败提供了空间。一些医药企业缺乏社会责任感，通过将药物进行包装“升级”、“更名换姓”等方式提高药价，并以高额回扣作为诱饵，获取临床上的医护、医院里的采购、医生的处方对昂贵医疗器械及药品的支持和推荐，严重侵犯了患者的权益。

健康盲区暴露了国民处境。当前，群众健康意识觉醒，但缺少良好的健康生活方式和行为习惯，健康往往停留在“说起来重要，忙起来不要，失去却想要”的阶段。一是公众健康素养不强。一些人遇到健康问题时会在两种极端心态间摇摆，要么讳疾忌医，极力回避，不接受治疗；要么极度恐慌，如临大敌，盲从各种谣言、广告、偏方，上当受骗。公众对健康问题的无知和误知正威胁着公众的身体健康水平。同时，部分患者及家属对医学抱有过高期待，不能理解医学局限性的状况，加剧了医患矛盾。二是公卫应对能力不足。老百姓普遍防病控病意识薄弱，自我防护能力不强。特别是农村居民还存在重治轻防的观念，面对公共卫生事件一定程度存在“麻痹”“厌倦”“侥幸”和“放松”等思想，加重了基层公卫负担。新冠疫情中，部分地区超过50%的感染病例是聚集性的，这是公众公共卫生健康知识缺乏的现实印证。三是生活行为习惯不良。近年来，我国居民心脑血管疾病、癌症、慢性呼吸系统疾病、糖尿病等慢性非传染性疾病患病率居高不下，给经济社会发展造成巨大挑战。这种状况，大多与不良行为习惯、缺乏体育运动、体检不到位等直接相关。

以人为本，合力构建基层卫健系统崭新格局

卫健系统是人民群众生命健康的守护神。但健康一事，非卫健系统一家之职，卫生健康事业的发展离不开全社会的共同努力和支持。只有通过各方面的积极协作，才能开创卫生健康事业高质量发展新局面。

要构建大健康教育体系。围绕疾病预防和健康管理两大核心，以多形式健康教育积极促进以治病为中心向以健康为中心转变。一是要进行专业化指导。充分发挥卫健系统专业技术力量，聚焦生活行为方式、生产生活环境和医疗卫生服务等影响人民健康的主要因素，针对重点疾病、重点人群和不同生命周期所面临的突出健康问题，提出专业建议、拿出科学对策、做好多方面引导。要以专业力量把“每个人是自己健康第一责任人”的理念落到实处，推动从注重“治已病”向注重“治未病”转变。二是要抓实扁平化服务。发挥扁平化治理优势，构建全民广泛参与的大健康教育体系。重点建好城乡居民健康档案数据库，对全区居民健康信息做到心中有数；依托千年雨湖智慧平台，组织好居民与区块治理员一对一直接联系的干群联络信息网，并探索“网约家医”一键下单模块，实现居民直接将医疗需求发布到网上，治理员及时派单，家庭医生跟进接单；用好民情直通车后台处理机制，整合客服团队力量，协同处理群众的医疗需求，实现民意及时听取、问题及时处置、

困难及时解决；完善“收集、分类、处置、反馈”工作机制，做好关键医疗流程闭环管理，促服务闭环、使需求落地；拓展平台的经济功能，为广大居民提供优质有偿医疗服务。三是要推行系统化改革。从长远看，医保支付制度改革应以健康结果为导向，为此要积极探索医保支付方式改革，探索将家庭医生上门诊疗服务、老年人康养服务等通过家庭病床的方式纳入医保保障。加强社区和农村医疗卫生服务能力建设，让“十五分钟就医圈”落实落细。完善医联体和结对帮扶单位功能定位和责任分工，推进医防融合，着力推动“基层首诊、双向转诊、急慢分治、上下联动”的分级诊疗服务模式。

要构建全方位服务体系。面对人民群众日益增长的医疗健康需求，要转变服务理念，全方位、多角度为患者提供优质服务。一是要坚持中医、西医“相结合”。深刻认识中医问题不只是治病救人的问题，还是文化遗产的问题。只有很好地团结中医，提高中医，搞好中医工作，才能担负起十几亿人口艰巨的卫生工作任务。要始终坚持“中西医并重、中西医结合、中西药并用”，充分发挥中医药在治未病、重大疾病治疗、疾病康复中的独特优势和作用，努力实现中医药健康养生文化的创造性转化、创新性发展。二是要坚持生理、心理“两手抓”。现代医学已经发展为生物—心理—社会的模式，治病救人不仅仅是外科手术、打针开药那么简单，还需要“医心”。身为医者，要把生理上的治疗技能和心理上的宽慰安抚叠加起来，帮助病人解决好生死观、疾病观、健康观问题，在生命、心理、社会多个层面，践行医学人文，这样才构成了“医者仁心、治病救人”这八个字的全部含义。三是要坚持软件、硬件“双提升”。以落实功能和满足居民需求为目标，一方面，因地制宜开展社区卫生服务机构新建、迁建或改扩建，加强社区检查检验设备配置，打通服务群众健康“最后一公里”。另一方面，大力推行便民、利民措施，优化患者服务流程，真正将改善患者就医体验落到实处。

要构建强基础保障体系。把保障人民健康放在优先发展的战略位置，做好人才、经费、执法等保障，始终托起百姓稳稳的幸福。一是要做好人才保障。全面掌控“发现、培养、引进、重用”四个环节，采取考调、公招、自主聘用等方式大力引进医疗机构急需、紧缺人才，常态化组织好现有医务人员理论水平和实践技能培训进修，积极争取、落实、用好人才激励政策保障措施，为推动卫生健康事业高质量发展提供坚实人才保障。二是要做好经费保障。坚持将医疗卫生作为民生支出的重中之重，建立稳定的政府经费投入和补偿机制，在经济发展可持续、财力可支撑的基础上，足额预算、全力保障全区医疗机构人员工资保险、软硬件提升、目标绩效，持续做好医药卫生体制改革，促进医疗卫生服务水平大提高。同时，要不断加强存量资产盘活利用，弥补自身发展需求上的不足。要利用专项债全面落实公共卫生服务质量提升项目。三是要做好执法保障。坚持监管在先，执法在后，加强市场监督与民政、卫健等部门间的“互联互通”，依法严厉打击发布违法医疗、药品、医疗器械广告和虚假宣传行为以及各类价格违法违规行为，严肃查处造成医患纠纷和其他影响卫健系统形象的违法行为，切实保障和维护人民群众健康权益，为医卫事业提供良好的发展环境。

第三章　创新之举

基层治理面临着“层级繁复、力量分散”，“小马拉大车”，“干部干、群众看”以及社区过度行政化等系列治理困境。雨湖区以问题为导向，充分发挥广大基层干部群众的首创精神，将扁平化治理作为一种理性的回归、职能的整合、层级的优化，以“五化”重点任务、“五个一”实施路径，创新应对基层治理挑战。

扁平化治理的本质内涵

雨湖区扁平化治理作为现代化治理的一种实现方式，是由县一级主导实施，涵盖经济、政治、文化、社会、生态“五位一体”，并运用智慧化手段、叠加数字化赋能的基层治理，区别于传统的基层社会治理。扁平化治理充分发挥了广大基层干部群众的首创精神，是一项工作机制创新，而非体制改革，目的是更好地践行以人民为中心的发展思想，以优质高效的县域治理不断提升群众满意度。

理性回归。深刻认识、正确理解街道办事处是市辖区、不设区的市人民政府的派出机关，不应分割条块，设置繁杂的内部机构，而应回归派出机关本质，整合成直接的办事系统；社区居委会是居民自我管理、自我教育、自我服务的基层群众性自治组织，不应过度“行政化”和“专职化”，而应打造居民自治组织格局，直接发动群众、管理群众、教育群众、服务群众；区直部门是区委区政府的职能机构，不应将分内职能随意“转嫁”给街道，而应在履职尽责基础上回归一线治理；基层治理不应出现“无限政府”“万能政府”，不能政府“大包大揽”、群众主体缺位，而应打造共商共建共治共享格局。各级干部一定要认清大家都是代表党委政府的一线治理员，其治理和服务对象就是辖区居民和单位。

职能整合。在区级层面，整合部门人员力量，成立综合指导、经济发展、快速处置、民生事务“四大中心”，与“大群团”“大监督”共同形成“4+2”格局；将街道内设机构整合为综合协调中心、区块服务中心、快速处置中心，辖村的街道增设经济发展中心，实现力量的整合而非机构编制的整合。整合街道政务服务中心、社区便民服务站职能，成立“街社一体”便民服务中心，原有社区党群服务中心突出居民服务功能，不应成为社区的行政场地。

层级优化。扁平化治理的破点就是优化层级，由多层级转为扁平化，打破“二传手”“中转站”隐性环节，实现“服务对象（群众）和治理方（区委、区政府）”简明化架构，促进党员干部更高效参与治理、更直接服务群众，真正践行以人民为中心的发展思想。雨湖区创新推行的“三级干部进区块”活动、按照15分钟便民服务圈打造的“街社一体”便民服务中心和快警站等实现高效治理、提升服务质量。

扁平化治理的创新重点

职能职责清单化。严格落实“一张清单”管理模式，理顺相关权责关系。制定了街道权力清单和责任清单、明确街道经济社会管理权限目录、基层群众性自治组织依法自治事项清单、依法协助政府工作事项清单、减负工作事项清单，并给予街道对涉及本区域重大决策、重大规划、重大项目的参与权、建议权和考核权；相关部门、单位对于未纳入清单的事项，原则上不得转嫁给社区（村），对确需协助的，应当提供必要的经费和工作条件。

机构队伍精简化。将 46 个区直部门整合为综合指导、经济发展、快速处置、民生事务“四大中心”，配套集中财务核算、联办主题活动、整合办公用房等举措；街道层面，将街道政务服务中心、社区便民服务站整合为“街社一体”便民服务中心；整合区直相关机构资源，建立“街道吹哨、部门报到”等“一呼即应”机制，服务质量和行政效率得到明显提升。

基层服务精细化。科学划分区块，实现“服务对象+治理方”零距离服务。锻造“全科式”治理员队伍，优化人员配备。建立激励机制和通报问责机制，强化平时考核和反向测评。推进“小区块+大平台+大数据”体系建设，构建快速处置工作机制。加大事件处置督办、问责力度，保障沟通渠道畅通、传达信息准确，全面提升事件办理质效。

治理力量多元化。坚持大抓基层导向，广泛发动党员干部下沉一线参与基层治理，调优配强区块治理员。推进村（居）民代表联系服务群众工作，做实一片（区块）一组一代表，健全用好“三类人才”[①]库资源力量，落实落细“1+N+1”[②]区块治理模式，做大做强扁平化治理的“N”力量。搭建社区议事协商平台，充分调动群众参与基层社会治理的积极性、主动性、创造性，不断提升居民的自我管理、自我服务水平。

平台载体智慧化。持续优化“千年雨湖”智慧平台，以政务服务事项100%网上申办、100%“一次办理”为目标，实现区块服务精准、事件处置高效。巩固拓展基层公共服务全覆盖成果，打通数据壁垒，让数据多跑路、群众少跑腿。

---

① 指经济发展能人、德高望重贤人、献计献策高人

② 即每个区块配备1个治理员+N个协理员（联点干部、党小组长、业委会成员、居民代表等）+1个监督员（“两代表一委员”）

扁平化治理的实施路径

建好一个资源信息库。摸清资源力量是基层治理的前提。一是完善人口信息。以千年雨湖智慧平台已添加村（居）民数据为基础，细分基础数据，通讯录数据细分到各乡镇（街道），社区，小区，楼栋，单元；细化村（居）民标签，设置区块、单位、年龄段、人员类别（党员、群众、民主党派等）、职业、重点人员、健康状况等七个大类标签，并根据标签进行系统分类，精准完善居民信息。二是摸清资源信息。全面摸清区块所有资产资源数据，涵盖空间位置、管理属性、占地面积、资源特征等信息，建立区块资产资源管理基础信息库。

织好一张干群联络网。做实干群互动是基层治理的基础。线上：将居民全部加入通讯录，实现居民与区块治理员（包括区级领导在内）一对一直接联系，搭建干群联络“信息网”和“连心桥”。将全区村（居）民通讯录与78个区直部门、各乡镇（街道）党员干部职工通讯录进行整合，入网居民可与8100余名党员干部进行“点对点”互动交流，创新打造干群线上“会客厅”，精准地掌握居民的需求和问题。线下：在干群之间建立“民情恳谈会”“周末议事会”“青年议事厅”等议事协商机制，充分调动群众参与基层治理的积极性、主动性、创造性。针对老城区人气外流、共商共建不足的问题，雨湖区以打造“全国首个和美社区”为目标，确定将昭潭街道白石社区作为先试先行，打造白石和美社区。通过抓实打造一个好环境、织密一张好网络、团结一帮好邻居、策划一套好活动、健全一项好机制、培育一批好社工“六个一”重点工作，实现“开门是大家、关门是小家”的和美善治目标。

开好一辆民情直通车。高效处置事件是基层治理的关键。整合12345热线、群众日常反馈和治理员线下巡查上报等相关平台，实行智能客服24小时全天候在线接待，12名专业客服工作时间一呼即应、接诉即办工作机制。将所有群众诉求梳理为安全隐患排查、矛盾纠纷调处等8大类71项，根据“ABCD”分级分类推动区块事件闭环处置，累计受理办结居民自报、巡查上报事件3万余件。创新探索出“四分议事”① “143工作法”② 等多元共治模式。由区快速处置中心统筹政法、公安、检察、法院等力量，并联合人民调解委员会、行政复议办公室等机构，推进纠纷化解、投诉举报、行政复议、法律咨询等各类事项一窗受理，实现“进一扇门、解万般事”。

拓展一个经济功能。创新发展经济是抓实党建引领基层治理的支撑。一是激活社区经济。立足老城区实际，建设运营9个社区学校、3个社区食堂，精准服务“一老一小”。制定区级物业管理全覆盖工作方案，打造楠竹山大物业管理、广场街道甜蜜园小区业主自治等示范点，以用售租融“组合拳”盘活闲置资产。二是做强集体经济。以“资源开发、产业发展、资产经营、股份合作、乡村服务”五大模式，并通过“以点串线带面、抓两头带中间”方式推动先富带后富。三是壮大数字经济。构建“一局、一公司、一平台、N应用”总体架构，明确“六统、三分、两不”原则，持续深化与湖南国家应用数学中心等驻区单位合作，打造了5G食用菌产业园、金都新经济产业园等数字经济

---

① 通过“分类归口列清单、分级协商定方案、分责办理明主体、分时评估促闭环”四步流程推动“大事公办、小事共办、家事自办”，不断激发多元主体自治活力。

② “1”即强化一个党组织核心引领作用，将党的组织和党的工作全覆盖；“4”即同时汇聚邻里自治、共建单位、社会组织、物业服务四股力量，细化治理路径；“3”即搭建居委会、业委会、物业公司的三方联动机制。

亮点。

擦亮一个幸福品牌。“以人民为中心”是基层治理的核心。围绕衣食住行游购娱教医等民生关注重点，全心全意为人民服务，彰显城市“温度”。集聚群众智慧力量，持续开展好各类常态化区块活动，做实民情恳谈会、小区百家宴、楼栋全家福、小区运动会等特色品牌，抓实法治教育、移风易俗等重点工作，打造熟人社会、厚植乡风文明。对照改革的系统性、全面性、整体性及“五位一体”全方位要求，因地制宜打造“一乡镇（街道）一特色一场景”。通过“街社一体”便民服务中心，对医保缴费、低保申请等16项高频事项提供帮代办，打造“15分钟服务圈”。构建“居家养老+社区养老+嵌入式养老”联动机制，让老年人不出社区就能享受高品质、一站式养老服务，已建成的4家养老中心床位利用率超过95%。打造了白石和美社区“家”文化艺术节、吉利社区寿面节等特色品牌，广场街道“和平家宴”在“读懂中国”国际会议上得到宣传推介，全区上下积极营造“变陌生人社会为熟人社会”的浓厚氛围，共同打造“在雨湖感受幸福”城市IP。

扁平化治理的关键抓手

科学划分区块是基础。科学划分区块是建好区块脉络、推进扁平化治理的起点。在推进扁平化治理工作中，要明确划分标准、确定划分类别，按照“便于管理、任务相当、界定清晰、包户集中、全面覆盖、不留空白”的原则，综合考量地缘特征、楼栋单元、行为习惯等因素，将原有的网格重新科学划分为区块，每个区块原则上覆盖350户左右，没有住宅小区的地方以若干楼院为单位划分，确保区块保持合理的管理服务密度，实现管理服务的全方位覆盖。

认真选培治理员是关键。治理员是打通基层社会治理“最后一公里”的主力军。把好关口，尽锐出战。按照群众工作能力、基层工作经验丰富程度，梯次选派优秀街道、社区等工作人员组成治理员队伍，确保“好肥用在攻穗上”。同时，着力培养一批热爱基层、德才兼备、踏实能干的年轻干部作为后备力量，不断强化人才保障。提升本领，服务全科。根据政策要求、群众需求、工作实际，有组织、有计划地开展全科业务培训辅导，全面提升治理员业务能力特别是群众工作能力和调查研究能力，推动治理员从“专科干部”转变为“全能选手”。强化管理，精准考核。建立健全对治理员的精准考核机制，制定《治理员职责清单》《治理员考核办法》等系列制度，以工作实绩为依据，实行季度考核和年度星级评定，变“论资排辈”为“能者上、庸者下”。

厘清责任义务是前提。定位准才能责任清，责任清才能敢担当。明确职能定位。聚焦街道抓党建、抓治理、抓服务的主责主业，建立权责利相匹配的街道职能职责体系，促进街道统筹能力、服务能力、治理能力和动员能力提升。强化街道对涉及本区域重大决策、重大规划、重大项目的参与权和建议权。厘清权责边界。厘清政府、市场、社会、个人职责边界，相关部门、单位对于未纳入清单的事项不得随意转嫁给街道，确需街道协助的，应当提供必要的经费和工作条件。同时街道也要敢于对上级“越位、错位、缺位”问题说“不”。深入发动群众。按照“人民城市人民建、人民城市人民管、人民城市人民治”的要求，畅通群众参与渠道，搭建多元互动平台，充分调动群众参与基层社会治理的积极性、主动性、创造性，从源头上避免“干部干、群众看”现象。

摸清治理对象是要求。人口底数清，治理方向才能明。勤下基层。结合全市党员干部“心连心走基层、面对面解难题”活动暨“正作风、提精神、鼓士气”专项整治行动、区“三级干部进区块”活动，坚持眼睛向下、脚步为亲，深入各区块察实情、听真话、取真经，掌握一手素材。分类建档。在社区已有台账基础上，进一步完善细化人员底单、管理台账，精准掌握本地户籍人口底数、常住人口底数、人员流动底数、重点及特殊群体底数、风险隐患底数。精准服务。根据政策要求和台账清单，分层次、分类别、有针对性地开展居民服务，以群众喜闻乐见的形式开展理论宣讲、健康教育等活动，让习近平新时代中国特色社会主义思想“飞入寻常百姓家”。

推进智慧治理是方法。在数字化、信息化高速发展时代，推进智慧办公、智慧治理是大势所趋。夯实智慧治理基础。推进智慧社区、智慧安防建设，整合辖区“雪亮工程”和社会监控资源，对重点区域安防系统进行补盲、修复，实现区块可视化管理。整合党建、综治、城管、政务等系统信息资源，建立务实、高效的一体化信息系统和综合指挥平台。推进智慧办公升级。全面推进党政机关内部数字化进程，进一步提升党政机关信息化办公、信息化管理的应用程度。创新运用政务微信、OA 办公系统等信息化平台，不断促进行政效能的提升和办事流程的规范化、标准化、智慧化。整合智慧治理力量。畅通和规范市场主体、新社会阶层、社会工作者、社会组织、志愿者和驻街单位等多元主体参与基层社会治理的途径，创新社区与社会组织、社会工作者、社区志愿者、社会慈善资源的联动机制，探索实行“1+N+1”区块治理模式，即1个治理员+N个协理员（联点干部、党小组长、业委会成员等）+1个监督员（“两代表一委员”）。

扁平化治理的初步成效

通过创新打好扁平化治理“组合拳”，雨湖区实现了党建引领力、群众满意率、经济活跃度“三上升”，矛盾纠纷数、风险隐患点、行政成本量“三下降”治理目标，相关做法在“读懂中国”国际会议、《人民日报》及国家发展和改革委员会《改革内参》等媒体平台推介，助力农村地区疫情防控经验做法被国务院联防联控机制新闻发布会现场推介，成功获批全国第九批社会管理和公共服务综合标准化试点，入选第二届全省机构编制系统十大创新案例、2022 年度湘潭市全面深化改革十大优秀创新案例。

党建引领力上升。区级“红润雨湖”、区域“四横一纵”、街道“大党工委”三级联盟体系党建品牌持续擦亮，基层党组织对基层各类组织和各项工作的统一领导进一步强化，“两个作用”进一步充分发挥，获评全市履行基层党建工作责任述职评议考核中评价为“好”的等次和绩效考核“一类单位”。

群众满意率上升。紧扣打造“在雨湖感受幸福”城市品牌，线上通过雨湖专属“民情直通车”，高效回应群众诉求，累计受理办结居民自报、巡查上报事件 3 万余件；线下通过“民情恳谈会”等常态化区块活动倾听民意，有力解决了群众急难愁盼问题。

经济活跃度上升。2022 年雨湖区 GDP、地方收入、地方税收等指标增速和社会消费品零售总额全市第一，荣获 20 余项国、省级荣誉和

10 项省政府真抓实干表彰激励，共取得闲置资产盘活收益 3.27 亿元。2023 年湘江科学城、湘潭大学城顺势起航，高水平举办市第二届旅发大会和齐白石国际艺术节，万楼青年码头成为湖南文旅新标杆，创新发展新型社区经济等新经济，荣获全国高质量百强区、投资竞争力百强区、创新百强区、国家乡村振兴示范县等 30 余项国、省级荣誉。

矛盾纠纷下降。2022 年，18 个信访积案实体化解，报警数、刑事案件数、民事诉讼新收案件数分别同比下降 9.36%、15.73%、7.88%，获评全省信访工作示范县市区。2023 年，以下访、约访、坐班接访多举措实体化解 20 余个信访积案，获评湖南省信访工作示范区，扁平化治理解纷工作法入选省“枫桥经验”工作法。

风险隐患下降。2022 年、2023 年连续获评全省安全生产和消防工作优秀单位，全面开展老城区排危除险、社会风险矛盾隐患排查两大专项行动，湘潭大学周边自建房安全隐患整治模式被省市推介，成为全省首批隐债“清零”县市区，经营性 C、D 级自建房工程措施整治工作实现清零。

行政成本下降。通过干部直接下沉一线以及发动区块治理员、协理员、“三类人才”等多元力量参与共商共建共治共享，常态化开展创文创卫等工作，临时聘用人员开支大幅减少；依托千年雨湖政务微信办公平台，在精文减会、隐患排查、事件处置等方面高效处置，让数据多“跑路”、让群众少“跑腿”。

扁平化治理的功能拓展

运用经济手段，以扁平化治理拓宽基层财源。扁平化治理是基层财源的“重要动能”，要积极破解当前街道、社区普遍存在的经费短缺问题，推动基层治理与经济社会发展同频共振。要盘活闲置资源。依法行使国有土地的使用权，积极探索公共区域停车收费制度，千方百计盘活辖区土地、房屋及建筑物、车辆等闲置资产资源，让“沉睡资源”变成“活资产”。要推行有偿服务。厘清公共服务“无偿”和“有偿”之间的边界，在基层治理中注重人民群众主体作用的充分发挥，杜绝政府“大包大揽”，确保“好钢用在刀刃”上。重点在开放式老旧小区物业收费、有偿开展各类主题活动、发展数字经济等方面作出积极探索。要加速文旅融合。精心打造“千年雨湖，健步天下”城市品牌，深度挖掘雨湖滨江红色文旅资源“富矿”，加快推进窑湾至万楼沿线景点串珠成链，促进项目落地见效。

运用法治手段，以扁平化治理推进良法善治。扁平化治理是良法善治的“重要平台”，改革发展稳定离不开法治护航，必须坚持在法治的轨道上推进基层社会治理体系和治理能力现代化。要扛牢法治责任。坚持党对政法工作的绝对领导，贯彻落实党政主要负责人推进法治建设第一责任人职责，加强法治政府建设，健全完善全面依法治区规章制度，切实将法治建设摆在区域发展战略层面来抓。要强化法治理念。从法治阵地打造、法律带头人培养等方面大力培养群众办事依法、遇事找法、解决问题用法的良好习惯，不断增强人民群众的法治意识。要创新法治手段。建立健全人民调解、行政调解、司法调解的“三调联动”矛盾纠纷调解机制，充分发挥快警站、综治中心等平台作用，快速高效地解决基层矛盾纠纷，让违法者举步维艰、付出沉重代价，让守法者四通八达、赢得尊重。

运用教育手段，以扁平化治理汇聚群众力量。扁平化治理是群众力量的“重要通道”，群众既是基层社会治理的参与者，也是基层社会治理的受益者，必须不断激发其内生动力，让群众成为基层社会治理的“主人”。要深入群众心相连。全体党员干部要诚心诚意和群众交朋友，善用群众语言传递党的声音、宣传惠民政策、加强舆论引导，真正把工作做到群众心坎里，得到群众发自内心的理解和认同。要发动群众手相牵。用好用活新时代文明实践中心等阵地资源，组织开展好政策宣讲、医疗服务、法律援助、科技科普、文化体育等活动，在寓教于乐的活动中持续唤醒群众的集体意识、集体观念。要凝聚群众意相合。把完善居民公约作为重要手段，引导群众有序、合法地表达自己的诉求，助推移风易俗、人居环境整治、志愿服务、产业培育壮大等工作顺利开展，引领群众实现自我管理、自我服务、自我约束。

运用考核手段，以扁平化治理催化干部历练。扁平化治理是干部历练的“重要熔炉”，要用好考核“指挥棒”，推动扁平化治理成效走深走实。要加大考核权重明责。结合扁平化治理工作实际，优化调整绩效考核办法，把考核规则定准定细，把程序规范定严定实，适当加大扁平化治理考核权重。要推行反向考核压责。赋予街道对区直部门、单位的考核建议权，赋予区块治理员对区直部门联点干部的绩效考核意见建议权，确保部门力量真正服务民生、服务街道。要强化结果运用督责。将考核结果作为领导班子和领导干部综合评价、干部选拔、兑现奖惩和责任追究的重要依据，推动树立改革创新、干事创业的鲜明导向。

运用宣传手段，以扁平化治理擦亮雨湖名片。扁平化治理是雨湖名片的“重要写照”，任何一项新生事物的发展都离不开积极宣传引导，扁平化治理同样需要发动宣传攻势、营造浓厚氛围。要创新宣传宣讲造氛围。统筹“三微一端”以及理论学习中心组、改革大讨论、宣讲进社区等线上线下宣传方式，深入开展扁平化治理宣传宣讲，不断打造浓厚良好氛围。特别是要创新利用网红、路演、小视频等新媒体、新平台、新方式进行宣传宣讲。要积极推介引流扩影响。加大在中央和省市主流媒体上的宣传力度，加强与中央、省委、市委党校及各类高等院校合作联系，积极推广和引流，实现“瞻仰伟人去韶山，政务考察来雨湖”的目标。要及时总结提炼树品牌。根据最新政策要求及改革推进中发现的新情况、新问题，及时进行研判分析、总结提炼，对改革内容该充实的充实、该调整的调整、该深化的深化，确保改革沿着正确轨道推进，力求改出实效。

扁平化治理的未来展望

物不因不生，不革不成。雨湖区扁平化治理作为全国第九批社会管理和公共服务综合标准化试点，作为一种服务态度、统筹手段、科学方法，必须以高度的政治自觉、思想自觉和行动自觉，推进扁平化治理走深走实，切实贡献好“雨湖智慧”和“雨湖方案”。

组织架构再优化

任何改革创新都需要行政机构来承载，扁平化治理也不例外。雨湖区前期的改革探索更多是立足于机制的创新，未来要想再深入，就必须更深层次做到权责适配、职能整合、层级消除。

一是深入推进权责适配。治理不应追求“官僚主义”，不能要“官威”、对群众颐指气使，而应回归干部就是“公仆”，要全心全意为人民服务，如探索干部在八小时工作时间以外，当好所在小区的区块协理员，走到群众身边，了解群众诉求，解决群众难题。治理不应追求“无限政府”“万能政府”，不能政府“大包大揽”、群众主体缺位，而应回归共商共建共治共享本质。治理不应过度追求层级管理、条块管理，不能忽视基层实际、区域差异和群众需求，而应回归政府高效运转、服务经济发展、为民解决问题的本质，推动“服务对象和治理方”简明化架构，践行以人民为中心的发展思想。

二是深入推进职能整合。对外整合注重更直接服务群众，强调每个公职人员都是党委政府的代表，在现行机构设置和职责分工基础上，推行首问责任制，对老百姓不讲“这事不归我管”，只讲“这事归我们党委政府管”，第一时间把问题领回来，第一时间使用“千年雨湖”智慧平台，对照职能分工精准交办责任单位，全流程跟踪办理进度，做到“一个干部就是一个为民办事窗口”。对内整合注重更高效实施治理，持续深化大部制改革，进一步健全“四大中心”运行机制，做到集中力量办大事。综合指导中心注重整合相关党委部门力量，强化党建引领，统一规范指导，统筹综合督查，确保区域发展始终沿着正确方向前进。经济发展中心注重整合区财政局、区发改局等部门力量，统筹推进项目建设、产业发展，并联审批前期工作，合力推动高质量发展。快速处置中心注重整合政法、公检法司、城管等部门力量，针对人民群众各类急难愁盼问题，分级分类分流转办处置，打造矛盾纠纷一站式接收、一揽了调处、全链条解决新模式。民生事务中心注重整合教育、民政、人社、卫健、医保等部门力量，同心协力落实惠民政策，办好民生实事，解决民生问题，凝聚奋进力量。同时，持续健全“大监督、大群团”相关运行机制。此外，结合后续国家机构改革的精神，进行再思考、再优化、再整合、再拓展，进一步理顺内部管理机制、打通工作交叉堵点，更好解决一事多头等问题。

三是深入推进层级优化。国家治理要明确导向。强调更好为民服务的宗旨，在基层治理体系和治理能力现代化中，推行扁平化治理，树立层级设置服从于科技治理发展、群众需求等客观现实的导向，规范“省就是部级、市就是厅级、县就是处级”的设置，减少人们对县级市、地级市、省级市的误解。地方治理要改革创新。古时秦置郡县，以步行为尺度、以方圆百里为原则，交通主要靠马匹，辖区过大政令难以下达。新中国成立后，交通主要靠汽车，调度主要靠开会，《中华人民共和国宪法》明确规定我国地方行政体制为省—县—乡三级，但根据地域面积大小，直辖市和较大的市再分区、县，目前行政管理基本确定为省—市—县—乡四级。当下，信息技术的大发展、交通运输的大提升为治理改革提供了有利条件。以湖南为例，电子政务全面普及，省级文件可瞬时下达基层，视频会议可实时同步召开；高铁高速四通八达，最远的市州也可3小时内到达，上级政令可便捷下达到基层政府。因此，应顺应时代要求，大胆改革创新，探索省—县—乡或者省—市、县—乡的三级行政管理，试点将高铁2小时内能到达等条件成熟的县纳入省直管，市级集中精力管好城区，打破“二传手”“中转站”隐性环节，实现国省方针政策更直接、更高效地垂落到地方，支撑地方高质量发展。基层治理要务实高效。对县（市、区）而言，应强调街道一级不应像一级党委、政府一样分割条块，设置相应内部机构，而应整合成直接的办事系统。应强调社区居委会是居民自我管理、自我教育、自我服务的基层群众性自治组织，不应过度“行政化”和“专职化”，而应回归居民自治组织本质，直接发动群众、管理群众、教育群众、服务群众，确保层级更加精简，管理更加高效。

制度机制再完善

优化组织架构立好了扁平化治理的“四梁八柱”，就有如一辆汽车已经完成硬件组装，而制度机制才是车辆的操控系统，只有理顺了制度，解决了事财对等、高效考核、人员保障等关键问题，才能更好焕发扁平化治理活力，跑出雨湖改革的新速度。

一是建立事权财权对等的财政制度。所谓巧妇难为无米之炊。有事无财，工作只会是空中楼阁。要明确事权。以县（市、区）为例，要明确县级与乡镇机关在行政事务与公共服务当中需要担负的任务与责任事权，调整县级机关派出机构的权力，尽量下放本应属于乡镇政府的权力来赋权强镇。对乡镇和县级主管部门共同管理的机构，应以乡镇管理为主，充分发挥职能，实现权责统一。要配套财权。在赋予乡镇更多事权的同时，要同步建立事权与支出责任相适应的财政管理模式，调整财政分配关系，上级政府对下放到基层的事权应配套给予财力支持，由上级承担的支出责任不应转移给基层政府承担，切实解决基层“权力小、事情多、责任大、收入少”的难题。同时，可建立科学合理的分成和补偿制度，在税收、非税收入、土地出让金等方面，给予净收益返还，增强基层政府发展的动力和底气，推动基层政府可持续高效运行。

二是建立精简精准高效的考核制度。精简在于用好考核指挥棒，注重考核闭环，针对考核中过度看重部门专项考核，导致考核“量大”的现状，积极优化整合，更加突出结果导向，探索推行综合考核，用考核数量的合理减少来推动考核质量的不断提升。精准在于考核事项必须有代表性，对标“大党委、大发展、大执法、大民生”的要求，围绕党的建设到位不到位、发展质量高不高、社会治理好不好、民众满意不满意等重点方面，去粗留精，有针对性地综合考核各地各部门工作。同时，优化调整绩效考核办法，真正向扁平化治理聚焦。高效在于考核流程的优化，坚持一级对一级负责、一级抓一级的原则，逐级考核，尽量减少不必要的跨级考核，如在市对县（市、区）考核中，对能在县（市、区）层面掌握工作落实情况、考核到位的工作，应当一律只考核到县（市、区），而不过度延伸到乡镇，去除一切不必要的形式主义流程。

三是建立严肃灵活合理的人事制度。严肃在于强化机构编制管理的权威性，严格落实中央关于机构编制相关方针政策，坚决执行机构编制管理有关要求，绝不突破编制总量“红线”。灵活在于统筹改革需求，创新管理方式，探索“编制周转池”等模式，采取适度归并、合理分流等措施，加强内部挖潜，既保障经济发展、民生服务、基层治理等一线用编急需，又逐步调整优化人员结构，实现人力资源效益最大化、最优化。合理在于坚持因素分配法，因地制宜，注重综合考虑区域的大小、人口多少、经济实力等情况，按照优化协同高效原则和大部门制方式，合理分配行政事业编制资源，做到事重则人多、事轻则人少。

多治同行再深化

大争之世，以道为本，以治为要。扁平化治理要想再深化，就必须在治理手段上再提升，不能只依赖政府力量的行政管理，更要注重干群合力的政治、法治、德治等“多治同行”，力争“政治求真、法治求善、德治求美”，用政策之治指导党员干部执行落实、法律之治规范社会公民言行举止、道德之治影响人的思想，多管齐下，推动政府治理同社会调节、居民自治的良性互动，建设人人有责、人人尽责、人人享有的基层治理共同体。

一是政治上求真。首要在于真学真懂真用习近平新时代中国特色社会主义思想。党政军民学，东西南北中，党是领导一切的。作为红色政权领导下的社会主义国家，我们必须旗帜鲜明讲政治、坚定不移跟党走。特别是在时势变化加剧的今天，明政治、讲政治必须成为每名党员干部的基本素养、成为每位国民的基本操守，成为各行各业的共同认识，厚植正确政治观念，忠诚捍卫“两个确立”，坚决做到“两个维护”，做政治上的明白人。其次在于真调真研真判，直奔一线解决问题，减少层层传达的流程，提高服务群众的效率，做到问题在一线发现、难题在一线解决、成效在一线体现，真正走好新时代党的群众路线。最后在于真抓真督真干，全力履行职责使命，自觉做到守土有责、守土尽责、守土负责，统筹发展与安全，全力“闯、创、干”，真正做到实干兴邦。

二是法治上求善。一要力求良法之治。改革发展稳定离不开法治护航。要直面法律与社会现状不适应、与人民日益增长的美好生活需要有差距等现状，积极推进相关法律法规的立改废释，不断完善法律法规。二要力求良法善治。运用法治精神审视基层社会治理，完善党委领导、政府负责、社会协同、公众参与、法治保障的社会治理体制；建立规范有序、权责明晰的社会治理法治体系，完善清单式责任分解、常态化责任落实、全过程责任考评机制，依法推动职能部门简政放权，选准事项让权力“放得下”、上下联动让职能“接得住”、强化监督让事项“管得好”。三要力求良法共治。运用法治思维谋划基层社会治理，健全利益表达、利益协调、利益保护机制，引导群众依法行使权利、表达诉求、解决纠纷，实现政府治理和社会调节、居民自治良性互动。发挥市民公约、乡规民约、行业规章、团体章程等社会规范在社会治理中的积极作用，运用法治化手段构建共商共建共治共享的社会治理格局。

三是德治上求美。一要树立美的标准。认真践行社会主义核心价值观，用好用活新时代文明实践中心等阵地资源，把完善和践行居民公约作为重要手段，全面开展移风易俗、人居环境整治、志愿服务等工作，大力弘扬优良品德，做到民之所好好之，民之所恶恶之。二要奖励美的行为。突出示范带动，对勤劳致富、无私奉献，坚守岗位、辛勤付出，勇于改革、敢于碰硬的良行善举要大力提倡，并给予奖励，做到表彰一个、带动一群、影响一片。三要加大美的宣传。坚持旗帜鲜明、大张旗鼓，广泛宣扬美的事迹，大力褒扬美的典型，坚决抵制侮辱诽谤英烈。要善用群众语言传递社会主义核心价值观，加强舆论引导，真正把工作做到群众心坎里，得到群众发自内心的理解和认同，引领群众实现自我管理、自我服务、自我约束，在全社会营造崇美向善的良好氛围。

同时，突出宗教治理上求实，坚持独立自主自办，尊重宗教自由，聚焦信教群众的特殊需求，在法治轨道上推进宗教治理，做到保护合法、制止非法、遏制极端、抵御渗透、打击犯罪，教育引导宗教人士和信教群众画好社会治理“同心圆”。突出自治强基，强化基层群众性自治，激发基层治理内在活力。突出智治支撑，持续拓展公共安全视频监控末端感知系统，提升基层管理能力。

经济功能再强化

扁平化治理不是简单的社会治理，而是包含政治、经济等多方面，是一项与“全力拼经济”主题紧密相连的系统工程。我们要将拓展经济功能，特别是降低行政成本、发展社区经济、发展数字经济等作为深化治理改革、实现转型升级的关键之举，出实招、真招破解好基层“造血功能”不足等现实问题，推动基层治理与经济社会发展同频共振。

一是行政成本再下降。首要是对外，坚持“公事公管、民事民管”，处理好政府与市场、政府管理与居民自治的关系，划清政府管理权和群众自治权的边界，政府集中精力管好该管的公事，对民众个人权力和群众自治等方面的民事，让民事民议、民事民办、民事民管，实现群众自治活力提升、政府管理成本下降。其次是对内，坚持“不重形式、只重实效”，更加注重数字化赋能，实行“智慧办公、智慧治理”，在日常办公、事件处置等方面，全面推进党政机关内部数字化，运用“千年雨湖”智慧平台、OA办公系统等信息化平台，全面推动移动视频会议、线上阅文办文等数字化办公升级；强化智慧治理，建设智慧社区、智慧安防，整合辖区“雪亮工程”和社会监控资源，对重点区域安防系统进行补盲、修复，实现区块可视化管理；整合党建、综治、城管、政务等系统信息资源，建立一体化信息系统和综合指挥平台，实现行政效率提升、成本下降。同时，更加注重整合优化，坚持“过紧日子”，落实落细全面节约战略，优化整合管辖范围小、人口密度小、地缘相近的街道、社区，统筹事权与财权，实行基层治理责任制，合理优化缩减支出，整合使用改革释放出来的人员向经济发展、改革稳定、基层治理一线倾斜，实现经济提升。

二是社区经济再提质。发展社区经济的核心在于按经济规律办事，不走跑马圈地、野蛮生长的老路，而是围绕自己的一亩三分地走精耕细作、高质量发展的新路，实现闲置资源的高效再利用，让“沉睡资源”变成“活资产”。一要资源大清理。全面摸清各类资源“底子”，对人口、土地、房屋等分门别类建立资源信息库。二要资产大盘活。按照“可用、可租、可售、可融”原则，积极盘活域内闲置的集体资产、国有资产和老百姓个人资产，大力发展公共停车、社区食堂、网红餐厅、居家酒店等社区经济。三要主体大激活。精准把握品质消费和数字经济、网红经济等时代特征，深挖雨湖滨江红色文旅资源“富矿”，围绕窑湾品鱼一条街、万楼、十八总、文庙等特色，培育一批有创新力、有竞争力、有影响力的市场主体，打造系列“在雨湖感受幸福”品牌。四要服务大增值。在无偿满足居民基本需求的同时，注重发挥人民群众主体作用，针对老人、小孩等特定群体的个性化需求，为驻地企业、经营业主、社区居民提供物业管理、家政上门、生活帮代办等特色有偿服务，实现以空间换资源，以服务换效益。

三是数字经济再提升。一要提高主动性。强化危机感、紧迫感，清醒认识到“在数字经济时代，错过一次机遇就是错过一个时代”。党员干部要主动拥抱数字经济，培养抢抓数字经济发展战略机遇的敏锐眼光和超前意识。二要抓好数据资源开发。依托“千年雨湖”智慧平台协同办公系统和区块事件处置平台，建好数据库，争取上级支持打通数据壁垒，注重大数据的安全和开发，在政务服务上，优化办事流程，让数据“多跑路”、企业和群众“少跑腿”；在经济发展上，挖掘数据潜能，更好地服务产业结构升级、民生事业发展，推动区域产业链供应链现代化。三要壮大数字经济产业。用好湖南国家应用数学中心（湘潭大学）、中国移动湘潭分公司、中国联通湘潭分公司等数字经济企业驻区发展，北斗时空安全产教融合创新研究院、5G 食用菌产业园等一批数字经济项目落地的优势，进一步解放思想、抢抓机遇、乘势而上，积极争取各类数字经济项目落户，加快打造智慧园区、智慧农业、智慧校园、智慧街区等数字化惠民应用场景，全力推进北斗时空研究院等一批重点项目建设，全面推广数字人民币，着力打造数字经济集聚区，让群众享受更多“数字红利”。

宣传推介再加强

通过持续宣传推介扁平化治理的进展动态、经验做法，进一步催化雨湖区基层治理品牌的“蝴蝶效应”，凝聚更多力量参与基层治理，不断提升基层治理水平。

一是总结提炼立国标。打铁还需自身硬。雨湖区作为国标委第九批社会管理和公共服务综合标准化试点单位，必须高标准干好自己的事，根据最新政策要求，针对改革推进中发现的新情况、新问题，大胆探索、靶向施策，把该充实的充实、该调整的调整、该深化的深化，确保改革沿着正确轨道推进。更须高水平总结好改革要点，对标国标建设要求，围绕治理清单化、精简化、精细化、多元化、智慧化的“五化”；建好一个资源信息库、织好一张干群联络网、开好一辆民情直通车、拓展一个经济功能、擦亮一个幸福品牌的“五个一”；围绕综合协调中心、经济发展中心、快速处置中心、民生事务中心“四个中心”等机制创新，梳理工作举措，找出客观规律，提炼改革标准，让雨湖改革更有推广性、更具示范性。

二是学习宣传造氛围。针对广大群众，通过多渠道开展线上线下宣传，创新利用新媒体平台，深入开展扁平化治理宣传宣讲，把扁平化治理讲明白，让老百姓爱听、听懂、会干。针对党员干部，要利用理论学习中心组、改革大讨论和业务大培训等形式，围绕“为什么、干什么、怎么干好”，讲透改革理念，讲明工作职责，讲好操作流程，让干部思想上认同、业务上熟练、老百姓认可，浓厚“干群一起抓治理”的良好氛围。

三是推介引流扩影响。聚焦政务学习，加大在中央和省市主流媒体上的宣传力度，加强与中央、省委、市委党校及各类高等院校合作联系，积极推广和引流，实现“瞻仰伟人去韶山，政务考察来雨湖”目标。坚持以点带面，扩大品牌效益，用政务学习的大流量，宣传推介好雨湖深厚的红色文化、良好的营商环境，带动更广泛的文旅观光、投资考察，实实在在地推动区域高质量发展。

第四章 实践之旅

基层治理直接关系到人民群众的切身利益和社会稳定，不仅需要理论指导，更需要不断的实践探索。雨湖区扁平化治理通过发挥群众主体作用、整合社会资源、盘活闲置资产、服务“一老一小”等生动实践，形成了具有雨湖特色的治理模式和路径，不仅丰富了基层治理的内涵和外延，也为基层治理提供了新的思路。

“邻里节”激活“邻”聚力

俗话说远亲不如近邻，邻里之间关门是小家，开门是大家，和睦的邻里关系，不仅有利于各家的生活幸福，而且也有利于社会的安定团结。

为促进睦邻友好，营造和谐的邻里环境，雨湖区通过组织“邻里节”“红板凳”“百家宴”等形式多样的活动，搭建起居民之间增进友谊的桥梁，在丰富居民日常生活的同时，大幅提升了雨湖人民的幸福感和满意度。

区“邻里节”活动合影

邻里共享“百家宴”，道道美食尽藏情谊

四方食事，不过一碗人间烟火。雨湖区用最具“烟火气”的方式，开展“在雨湖感受美食幸福”活动，让“百家”成“一家”。居民自编自演的节目轮番登场，表演精彩纷呈，穿插的杂技、小品、理论宣讲等精彩节目让人热情高涨，掌声、叫好声不绝于耳。平时难得相聚的邻居围坐一起，享美食、唠家常，在冒着热气的汤锅中感受暖暖的邻里情。谈笑间，和平街道吉利社区不少居民情不自禁地拿出手机记录分享“百家宴”的美好瞬间。

烧菜好手为邻里烧制美味佳肴

共享美食只是“前菜”，邻里沟通才是“主菜”。广场街道、云塘街道、城正街街道等相继推出“百家宴”，搭建邻里间沟通的桥梁，让居民从屋里走到屋外，端着各自的拿手好菜，一起感受“烟火里”的

邻里情，让一个个温馨的小家庭串成和睦的大家庭，进一步提升居民的归属感和幸福感。

在2023年“读懂中国”国际会议（广州）专题论坛“全过程人民民主与中华民族现代文明”研讨会上，雨湖区广场街道主要负责人以《扁平化治理：聚人间烟火 暖百姓心窝》为题，分享了“共办百家宴”的故事。该街道通过量身策划组织“百家宴”活动，引导居民广泛参与，有效化解高层住宅小区金桂楼邻里关系冷漠疏远等问题，破解了基层民主治理难题。

“小舞台”秀“大才艺”

为不断丰富居民群众精神文化生活，积极搭建居民群众交流展示“舞台”，雨湖区开展丰富多彩的百姓小舞台活动，活跃居民群众文化生活的同时增进邻里向心力与凝聚力。

“节目种类多，非常精彩。”“这些节目不仅丰富了我们的文化生活，还增强了我们的归属感、认同感和幸福感，相信我们社区的明天一定会更美好！”……来观看雨湖路街道关圣殿社区文艺汇演活动的居民纷纷夸赞道。社区联合三叶草社工举办“浓情庆元旦 共话邻里情”文艺汇演，邀请居民共庆佳节、大显才艺。

在长城乡上新村，百余名村民齐聚村文化活动广场乐享文化盛宴。这是上新村为丰富村民文化生活开展的乡村音乐会。精彩节目逐一亮相，富有乡村特色的歌舞表演夺人眼球，拉近了村民的距离。“现在，我们生活水平提高了，村里的文化活动也越来越多了，村民自个的文艺演出又好看又好玩！像我们村史大姐等自发编排的舞蹈节目《吉祥》也登上了舞台 C 位，给她们点赞。”村民李大洪兴奋地说。

姜畲镇举办“奋进新征程，唱响新时代——我们的‘村晚’”文艺汇演活动，为辖区群众送上了精彩的文化盛宴。所有活动由村民自筹资金、自发组织，内容包含社区和各村居民自编自导自演的大鼓、快板、广场舞、合唱等节目。现场其乐融融，幸福感十足。

雨湖区通过一场场居民自编自演自娱自乐的文艺汇演活动，丰富了辖区居民群众的精神文化生活，展现了基层居民群众健康向上的精神风貌，进一步提升了居民群众的生活质量和幸福指数。

在三义井社区召开民情恳谈会

“邻”距离畅所欲言，金点子层出不穷

雨湖区城正街街道是典型的老城区，老旧房屋多、基础设施差、人居环境整治困难。该街道泗洲庵社区结合“枫桥经验”和雨湖区扁平化治理，创新推出“红板凳”议事会，让居民“诉难处”、大家一起“解纠纷”、集思广益“新举措”。社区 6 名区块治理员、50 名协理员面对面办公，耐心讲解各项政策制定、虚心听取群众意见建议，在家长里短中化解各类矛盾纠纷。

家住 283 号区块板石巷槐树坪的两户邻居因为杂物堆积影响过道通行问题发生多次争吵，了解到此消息后，泗洲庵社区居委会组织 283 号区块的居民召开“红板凳”议事会。会上，治理员用简单的家常小事说明城市人居环境整治的意义，引导双方耐心沟通，成功解决了这起邻里纠纷。今年来，泗洲庵社区“红板凳”议事会共召开22场，成功调处36起矛盾纠纷。

南盘岭甜蜜园小区党支部和业主委员会带领105户业主开展小区事务共商共管，共建“共享花园”，并通过“潮汐式”停车收费等举措为小区增收5万余元/年，实现小区物业费交费率100%、物业收支公开率100%、业主分红派发率100%，让居民真正感受到了“甜蜜自治”带来的幸福。

雨湖区通过创新开展“邻里节”系列活动，提炼“民间夜话”“周末议事会”“居民议事亭”等工作品牌，不断提升基层治理能力和水平，初步形成了分类归口列清单、分级协商定方案、分责办理明主体、分时评估促闭环的“四分议事”工作法，营造了“在雨湖感受幸福”的浓厚氛围。

借力蓄能构建“15分钟养老服务圈”

养老服务关系到老年人的切身利益，也是增进群众幸福感、获得感的民生实事。近年来，雨湖区积极探索，以雨湖区扁平化治理为契机，将扁平化治理的思路和方法融入养老服务工作，按照“政府推动市场运作，服务向社区下沉”的工作思路，找准问题，深化改革，全面实施社区老年人助餐、助学、居家养老“三工程”，开展社区学校、社区食堂和街社一体综合养老服务中心三项试点，全面构建起了“15分钟养老服务圈”，致力于打造全省养老服务高质量发展示范区、城乡统筹发展样板区。主要做法被新华社、《中国社会报》等国家及省市级媒体多次报道。

以清单化思维厘清权责，多方共建社区学校

为破解社区养老服务设施使用率低的难题，雨湖区以老年学校建设为切口引流，激活社区养老服务资源，打造“15分钟品质老年教育圈”，满足新时代老年人文化养老的需求。2023年，通过自主申报、走访调研、明确主体、场地建设升级、师资招募等环节，建设完成9个社区学校，开设33个班级，招收收费学员2100余人次，参加公益课堂学员5000余人。2024年，计划新建10个社区学校，将辐射雨湖区老年人超5万名。

一是厘清三方权责，激活社区内在动力。建设“1 所区级老年大学+N 个社区老年学校”的老年教育矩阵过程中，由社区主动申报、调研市场、选定第三方运营机构，发挥主力作用，充分激活其积极性和内动力，助力全区老年人走出“小家”，告别“精神空巢”，融入社区学校，为老年人打造“老有所学、老有所乐、老有所为”，在雨湖感受颐养幸福的港湾。区民政局着力于引导更多社区参与、搭建交流平台、整合共享资源、强化各项保障，充分做好“上下”两篇文章。在区民政局引导下，实现命名挂牌、宣传推广、师资招募、收费区间、保险保障五项统一，社区老年学校使用统一 LOGO 和命名，使用统一设计的宣传环创。

雨湖区老年大学口琴班课堂

二是强化党建引领，整合人员有生力量。雨湖区推进扁平化治理过程中，有效激活党政群机关人员力量，构建“大党建、一盘棋”格局，培养了人数众多的治理员和协理员。区民政局利用这一优势，建立老年学校公益讲师库，将有意向、有特长的老党员、退休干部职工等吸纳进公益师资库，对师资招募、资格审查、教学水平统一把控。多次召集各社区进行交流协商，群策群力，共同制定社区学校各项规范。同时，安排年轻干部与社区学校联点，在社区学校建设、运营过程中一对一全程跟进，监督引导、建言献策，为社区学校注入“年轻态”。

三是注重创新试点，打造一站式老幼中心。在雨湖区老年大学试点，打造“朝夕”阵地，为“一老一小”提供多元化教学，推动养老托幼协同共进。儿童在参加绘画、口才、国学、手工等兴趣班的同时，老人则在邻班学习声乐、形体、舞蹈、书法等课程，实现老年人学习和“带娃”两不耽误，此举大受老年人欢迎和肯定，一站式老幼中心在雨湖区“一座难求”。下一步，区民政局还将开办机关企事业单位子女寒暑假托管班，扩大社区学校的教学覆盖面。

城正街街道熙春路社区食堂老年人用餐

以精细化内容构建标准，政企共治社区食堂

为贯彻落实《积极发展老年助餐服务行动方案》，按照“个人出一点、企业让一点、政府补一点、集体添一点、社会捐一点”的原则，先后新建中央厨房 3 个、老年助餐点 10 个，给予困难老人适当的就餐补贴。

一是拓宽助餐服务覆盖面，转变助餐运营思路。2023 年，雨湖区已正式启动老年助餐改革试点，转变运营思路以寻求突破，变长者饭堂为社区食堂，能更好地面向更广泛的社区民众，扩大目标市场。同时，保证社区食堂的公益性定位，加强政策和资金支持，对 60 岁以上老人加大就餐补助力度，针对老人的年龄层、失能等级、经济困难程度以及面向社会实行差异化定价策略。

二是统一建设标准，打造专业特色品牌。制定《湘潭市雨湖区社区食堂实施方案》，对社区食堂的专业资质、建筑与设施设备条件、适老化设施标准、堂食及送餐服务标准、公示制度等均做了具体、规范的要求。并由区民政局聘请专业设计公司，对社区食堂标识、招牌、餐厅内外装修、家具、餐具等进行统一设计，专业化、品牌化运营，打造风格显著、易于识别的雨湖区社区食堂品牌形象。

三是联动社区资源，拓展社区经济功能。全新打造 3 个社区食堂，通过激活五社联动，以点带面助推社区食堂起步运营，同时发挥治理员、协理员、社工、志愿者等对社区群众的影响力开展宣传，擦亮社区食堂名片，扩大影响，对分散供养老人爱心助餐、送餐，充分实现社区食堂的公益属性。

以多元化服务扩充体系，街社共享养老服务中心

为解决社区日间照料中心使用效率不高的突出问题，创新性提出将社区“嵌入式”养老服务中心融入街社一体综合养老服务综合体这一构想，实现街社养老服务设施“大小嵌套”和资源下沉，让老人们在家门口就可以享受匹配其需求的多元化养老服务。雨湖区“社区嵌入式养老服务新模式”，得到省民政厅主要领导批示：“雨湖区做法值得研究，应鼓励其积极探索”。

一是明确产品定位，主打“家门口、小规模”。雨湖区现已盘活闲置办公楼、设计院以及图书馆 1 万多平方米，充分利用了闲置的国有资产，有效整合了社区养老资源，将养老院开到社区内、家门口的创新性做法，更适应市场需求。目前，雨湖区已建成的 4 家“嵌入式”养老中心，床位数 10~60 个不等，规模不大，但床位利用率超过 95%，深受社区老人肯定与欢迎。

二是拓展服务内容，聚焦“多功能、广辐射”。“嵌入式”养老中心“麻雀虽小，五脏俱全”，为社区老年人提供长期照护和短期托养，服务内容涵盖助餐助洁、健康管理、心理慰藉、文化娱乐等方面。同时，依托养老院提供居家上门的延伸服务，为不便外出的老年人提供助餐助洁、上门照料，为居家养老的老年人提供无障碍适老化改造及养老设施租赁服务等，扩大养老服务的辐射面。

三是把握发展方向，紧扣“多样化、品牌化”。根据社区场地、资源特点，打造了“一点一特色”的多样化运营模式。如唐兴寺社区“嵌入式”养老中心租用窑湾街道卫生院的闲置场地并与其达成合作，主打医养结合服务；龙子巷社区则将养老服务与社区儿童之家功能相融合，主打“一老一小”共享同乐的特色模式。在多样化运营的同时，充分发挥连锁运营优势，注重养老服务标准化和人才培养专业化，依托专业技能培训学校，开展多样化、品牌化的护理员培训。

雨湖区在致力打造15分钟养老服务圈取得了一定成效。但随着经济社会发展和老年人服务需求的不断变化，补齐养老服务民生短板依然任重道远。千年雨湖，幸福颐养。我们将继续依托扁平化治理平台，积极探索，不断创新，着力构建具有雨湖特色的养老服务体系，让老年人在雨湖感受幸福和温暖，为实施积极应对人口老龄化国家战略作出应有的贡献。

区域教育蝶变新动能

党的二十大报告指出，要坚持教育优先发展，加快建设高质量教育体系。雨湖区在创新实施扁平化治理基础上，积极探索将多元化参与协同治理新机制运用至教育领域，以扁平化治理推动区域教育高质量发展。先后获评全国中小学劳动教育实验区、湖南省教育评价改革试点县市区、湖南省平安校园建设示范区、湖南省校外培训综合治理改革试点县市区，两次荣获省政府教育工作真抓实干工作督查激励表彰。

湘潭大学附属实验学校

创新体系，拓展教育治理格局。转多层级教育管理为扁平化教育治理，为打造“人民满意的教育”提供支撑和保障。一是“高”位推动。全面加强党对教育工作的领导，成立区委教育工作领导小组，由区委书记任组长，教育局、文旅广体局等13个部门为成员单位，34名区领导分别担任联点学校“第一书记（校长）”，推动扁平化治理在教育系统全面试行，使其更好地契合教育治理体系和治理能力现代化发展轨道。二是“精”层简构。构建“领导小组议大事、成员单位抓日常”工作架构，以领导小组为最高决议层，全区中小学校分为五个片区，各区直单位为联点学校后盾单位，直接服务老师、学生和家长，解决教育难题，打通教育治理“最后一公里”。三是“尖”兵作战。以教育部门为领导小组秘书组，以股室为单位，分别联系一个片区的学校，强化培训考核，提升人员素质，实现由“专科干部”向“全能选手”转变。通过干部下沉服务，成功化解各类矛盾纠纷、信访投诉100余起。

创先聚势，织密教育治理网络。多方协同、多向发力，促进教育共治善治、争先创优。一是横向聚合，协作有效。领导小组加强各成员单位之间横向沟通协作，形成齐抓共管良好局面，各成员单位按照领导小组工作要点以及任务分工积极履职，协助领导小组秘书组协调处置、解决有关困难和问题，共同推动教育工作创新发展。二是纵向聚力，破题有方。针对学校在发展过程中出现的难点问题，由联点成员单位牵头，召集相关部门现场办公，提出解决方案，营造良好的教育发展环境。三是内向聚能，发展有质。拓展“党建+基层治理”理念至学校行政工作领域，推动学校党组织职能由“管理型”向“公共服务型”转变，不断提高学校管理规范化、精细化、效能化水平，夯实教育高质量发展根基。

创优机制，提升教育治理效能。建立健全系列机制，推动教育治理高质高效。一是建立双层议事机制。建立领导小组全体会议、专题会议双层议事机制，每年开展全体会议2次以上，传达学习中央、省委、市委最新文件会议精神，及时组织召开系列专题会议，研究部署重点工作，协调解决难点问题。二是建立双向考核机制。建立全面覆盖、运转高效、结果权威、问责有力的教育督导考核机制，常态化开展“双减”政策落实、城乡教育发展一体化、农村小规模学校建设等调研和督导考核，并将对口学校工作成效作为领导小组各成员单位政绩考核依据，切实发挥考核导向作用。三是建立智慧赋能机制。通过智慧教育平台，建立服务治理二元结构，将教育工作领导小组、学校、教师、学生及家长等“一网并入”，既使领导小组高效掌握学校运行、教育发展情况，也让学生及家长的疑难问题得到及时解决，实现区块事件处置闭环管理。

健康雨湖建设“密码”

雨湖区依托扁平化治理抓实资源整合、力量下沉、智慧赋能，为群众提供优质、便捷健康服务，先后荣获国家级慢性病综合防控示范区、全国基层中医药工作先进单位、省级健康促进区等荣誉，疫情防控经验先后两次在国务院联防联控机制新闻发布会上推介。

整合资源聚合力，打造“一体联动”服务团队。一是家庭医生全方位服务。组建 85 支家庭医生团队，为居民开展全方位、多层次、全周期的健康管理，提供 24 小时在线咨询。在全省 2022 年度基本公共卫生服务项目绩效评价中，位列县（市、区）第三名。二是邻里帮扶全覆盖设置。设立邻里服务点120余个，示范点15个，开展“党员带头、邻里互助、药品共享”爱心行动，对重点人群，尤其是独居老人和留守儿童，坚持定期探视、每日沟通。三是医疗公卫全流程融合。通过在门诊建立家医签约工作站，接种门诊设置妇幼保健站，体检中心设置健康体检服务站，“三站”协同，再造“登记/挂号—候诊/公卫服务—就医”医防融合新流程，实现基本医疗与基本公卫“1+1>2”。城正街街道社区卫生服务中心获批全国首批预防接种示范示教基地。

下沉力量减层级，打造“一站直达”服务矩阵。一是市级医院联基层。二级以上市级医院以对口支援、分片包干方式，与各基层医疗卫生机构建立区域“医联体”，畅通双向转诊通道，基本实现“基层首诊、双向转诊、急慢分治、上下联动”。二是区级力量下乡街。建立区级领导联系乡镇街道机制，制定卫健系统扁平化治理推动卫健事业高质量发展实施方案，将区级领导及区卫健局班子成员下沉至各乡镇街道及基层医疗卫生机构。三是专业团队进区块。在全区划分为667个区块基础上，结合“三级干部进区块”活动，创新实行“区块治理+健康服务”模式，专业团队联动667名治理员、7795名协理员、675名监督员共同开展卫生健康服务，分片包干，包户到人，精准摸排健康需求，动态管理重点人群。

智慧赋能提效率，打造“一键贯通”服务平台。一是率先打造“千年雨湖”综合智慧平台。依托平台建好一个居民信息数据库，将重点人群分级分类管理；织好一张干群联络网，将医务人员、治理员、居民等统一纳入“全民电子通讯录”，居民与医务人员可进行“点对点”互动交流；开好一辆“民情直通车”，居民通过区块处置平台及时反映问题，家庭医生团队快速处置群众就医用药等需求。二是率先打造全域覆盖式“智慧公卫”平台。结合智能设备、大数据分析、人工智能等先进技术解决基层医生工作的堵点，对重点人群体检中的异常数据进行智能化分析，由家庭医生进行个体化健康指导，实现一站式、便捷化健康服务。三是率先打造全域应用式“智慧医助”系统。协助医生快速准确判断病情，优化诊疗方案，提升诊疗水平，进一步提高基层诊疗服务质量和过程监管实效。

“四分议事”促治理效能提升

党的二十大报告提出：“完善社会治理体系。健全共商共建共治共享的社会治理制度，提升社会治理效能。”自雨湖区扁平化治理实施以来，窑湾街道首创“四分议事”工作法，切实发挥基层党组织的引领作用、基层政府的主导作用、基层群众性自治组织的基础作用及社会力量的协同作用，以群众需求为导向，以为民解难事办实事为落脚点，遵循“大事公办、小事共办、家事自办”的工作思路，将居民群众问题诉求通过基层议事协商的方式按照“分类、分级、分责、分时”进行处理。

分类归口列清单，精准划定反馈事件“八项分类”

要提升城市基层治理水平，必须找准困扰居民的问题症结，窑湾街道通过扁平化治理，将辖区内的14335户居民划分到40个“区块”中，通过治理员、党员中心户、居民代表以及市、区、乡街干部的联点走访与日常巡查，在通过民情恳谈会、屋场会等形式广泛征求居民意见的前提下，将居民群众反映较多的问题进行梳理与归类，形成了由环境卫生、政务服务、基础设施、民生服务、疫情防控、矛盾纠纷、安全隐患、其他问题组成的8大类59小类“问题清单”。

在工作开展过程中，由社区两委、区派“三员”、街道干部共同组成的“治理员”队伍依据“八项分类”清单将居民群众反馈的问题进行分类归口，极大提升了同类问题的处置效率。针对群众反映较多、处理难度较大的事件，街道通过“全科式治理员培训”邀请相关治理部门来进行“专题辅导”，治理员通过剖析典型案例的形式分享处置办法，截至目前，街道已开展11期专题培训，60余堂“专业课”“实践课”涵盖了综治、党建、安监、消防等16类重点业务，让治理员业务能力、事件处置效能进一步提升。

分级协商定方案，
系统推进问题处置“三事分流”

龙子巷社区党员中心户、居民代表晏石星说：“政府帮我们解决了很多问题，归老百姓自己负责的问题就由我们带着邻居们一起开恳谈会，一起协商解决。”自扁平化治理实施以来，社区党群服务中心、“红管家”议事吧、“阳光议事亭”等阵地成了居民们协商议事的主要阵地，一年时间里，街道辖区内共计开展的民情恳谈会超过130场。

对走访收集、居民反馈的问题，治理员将公共事务和居民群众诉求按照“大事公办、小事共办、家事自办”的原则进行“三事分流”，将问题分级处理，拟定事件处置方案。

以龙子巷社区设置集中充电区的问题为例，民主新村小区属于老旧小区，在缺少充电桩又无法腾出充电区空间的情况下，小区内飞线充电乱象长期无法根治，存在着较大安全隐患。治理员在了解到实际情况后，依据责任主体将问题拟定为“小事共办”“大事公办”两个部分。

按照“小事共办”的原则，治理员通过入户走访、微信交流、召开恳谈会等多种形式收集居民群众意见，通过组织协商的形式，由居民协商同意以改造小区内绿化带来解决充电区设置空间局促的问题。按照“大事公办”的原则，治理员与相关部门、联点后盾单位对接，积极争取到充电区建设费用4万元，在民主新村6、7栋之间建设了集中充电区，解决了672户居民的“充电难题”。

分责办理明主体，全面促进责任链条“环环相扣”

“根据协商议事议定的方案，将事件分流到各个责任主体，必要时由多方协调进行联合处理。”罗祖殿社区党总支书记文俊接着介绍道：“我们社区古树修复的问题就涉及市园林局、区城管执法局、社区居委会、古树周边住户等多个责任主体，每个人都把自己的责任落实了，问题就得到了解决。”

分责办理明主体是事件处置的关键环节，为解决“职责不清、边界模糊、权责不等”的问题，“四分议事”工作法对责任主体进行了明确：大事主要通过市区部门、街道办事处三个中心联合办理；小事由协商主体通过召开协商议事会自治办理；私事通过居民自主办理或寻求市场服务、志愿服务办理。

唐兴寺社区31号区块居民向治理员反映了该区块的相关民生问题，求子桥自杨梅洲大桥修建截断自来水管道之后就没有再恢复，居民只能靠打井水来维持生活用水，居民迫切希望能够恢复自来水，生活用水的问题涉及政府、社区、居民三方责任，区块治理员组织政府部门、人大代表、辖区居民召开民情恳谈会，涉及政府部门方面的，由政府与中环水务进行会商，制定主管道铺设的相关方案；涉及社区方面的，由社区与人大代表沟通，经费缺口由人大代表联系社会资本方以争取公益基金的形式筹措资金；涉及辖区居民方面的，由每户居民自行承担1000元的费用来铺设分支管道入户及水表安装，求子桥居民生活饮水问题得到解决。

求子桥民生问题恳谈会

分时评估促闭环，创新探索治理服务“云端联控”

为确保上报事件与居民诉求件件有落实、事事有回音，对于居民上报所有分流的事项都要进行跟踪、反馈、评估。对已完成“分类、分级、分责”事件明确办理时限；一时不能办结的，要在规定时间内给群众解释和说明；对群众在自助互助基础上仍有实际困难的，依相关政策给予救助。

一年来，窑湾街道充分发挥“两代表一委员”作用，聘请 30 名“区块监督员”对事件进行跟踪问效，实时督办，抽查事件超过 1200 件，催办、督办事件 140 余件。同时，街道积极响应湘潭数字政府建设，结合“千年雨湖”政务微信平台、“智慧窑湾”大数据平台建设推动跟踪问效“智慧化”，居民在辖区内可通过“事件上报二维码”一键反映问题，治理员通过平台上传处置照片实现办理进度“全流程记录”，区级区块服务中心利用“一呼即应”工作机制实现高效分流，监督员通过后台数据信息进行抽查回访，通过智慧赋能的方式，让“四分议事”工作法走入“云端”，促进治理效能有效提升。

盘活资产资源　拓展经济功能

当前基层普遍存在“造血功能”不足等困境，面对各项中心工作，仅依靠上级资金帮扶无法彻底解决矛盾，只有大力发展社区经济，强化自身建设，才能顺应人民群众日益增长的物质文化需要和基层治理现代化要求。万楼街道位于长株潭“一小时经济圈”及“半小时生活圈”核心位置，东至湘江，南邻湘黔铁路，西邻护潭河一级渠。因辖区内有湘潭名胜“万楼”，故以“万楼”命名，下辖1村4社区，分为17个区块，辖区面积8.9平方千米，近十年来征收面积达7000余亩。在深化扁平化治理实践过程中，万楼街道结合区位优势及街情实际，探索出以“盘活闲置土地资源助推区域经济发展”的新思路，按照“可用、可租、可售、可融”原则，压实“三主”（地主、业主、户主）职责，整体分为“摸底、明责、盘活、互利”四个部分。

摸底——盘活闲置土地资源，掌握“精准”情况是前提

街道组建工作专班，安排专人对万楼全域近10年来已征收的7000余亩土地进行全面摸底，将土地分为“征而未批土地”“批而未供土地”“供而未用土地”等三类，分别建立台账，并且对辖区周边1千米至5千米范围内的常住人口数、楼盘销售、入住情况、高校在校学生等

相关数据进行了全面摸底，为企业的产业布局、招商引资工作打下坚实基础。

街道邀请三类人才对闲置土地进行察看

明责——盘活闲置土地资源，履行“三主”职责是关键

为压实“三类土地”责任，我街道多次进行专项汇报，2023 年 9 月 7 日，市委书记主要负责人带队对万楼片区开展专题调研并组织召开常委协调会议，出台了《中共湘潭市委常委议事协调会议纪要》，明确了片区发展规划、“三类”土地盘活、基础设施建设、招商引资和聚集消费区事项。同时，街道主动对接，建立万楼新城片区联席会议协调机制，以共商共建赋能万楼片区闲置资源盘活利用“加速跑”。

盘活——盘活闲置土地资源，抓住“本质”要素是核心

经济社会发展具有多样性，究其本质离不开“人、地、事、物、财”五大要素，街道紧盯五大要素，多措并举盘活闲置土地资源。

双管齐下，聚人气。一方面，利用活动引流增活力，积极争取全市文旅活动落户万楼，先后成功举办了湘江马拉松赛、“月秀越开心”“声漾雨湖正青春”语言艺术展演、“520”和七夕婚姻登记等系列活动，助力片区精准引流。另一方面，校企融合送人才，与湘潭大学、湖南科技大学等高校深度合作，依托扁平化治理实践促进校企融合，吸引聚集优秀青年人才，为发展提供人才支撑。

完善配套，抢地利。为保证已有项目能够“联动”，引进项目能顺利进场，街道已对部分征而未批土地进行清表、平整；对重点实施项目和计划项目范围内闲置土地开展垃圾倾倒整治、防灭火等工作，对项目间交通路段设施进行维护等。

靠前服务，做实事。对辖区现有的 11 家规模以上工业企业，按照“千百扶培”工作要求，建立完善企业联络员网格，开展企业走访、入企帮扶、助企纾困。掌握企业发展中的痛点堵点难点，对企业反馈的生产经营问题跟进解决。

聚焦短板，补物资。主动对接青年码头，针对其提出的人流量大，手机信号受限的问题，我街道通过多次同市、区科工信局对接，争资争项，成功为其争取信号塔安装项目。

争取政策，招财源。积极对接市级部门，掌握招商优惠、税收返还、创业扶持等政策。加强与区级职能部门对接，梳理资源清单，整合招商信息、招商平台，实现招商引资联动发展。依托扁平化治理建立“三类人才库”，摸底湘籍企业家 2 名，接待投资人士 13 人次，组织三类人才民情恳谈会 10 余次，已成功盘活闲置资产 17 处，为街道、村社增加经济收入约 112 万元。

互利——盘活闲置土地资源，实现“多元”发展是目的

盘活闲置土地既能减轻街道在创文、创卫等工作的行政成本，又给万楼新城片区的基础设施进行改造升级、促进历史遗留问题解决。实现以万楼·青年码头的发展吸引投资商进驻万楼片区，以投资商进驻带动就业吸引外来务工人员，以人口增长促进商品房、零售、教育等行业发展，进而促进三类土地的盘活，带动片区的经济发展，以经济发展促进基层治理，为居民、企业提供更优质服务，以优质服务吸引投资商进驻。最终形成多元发展的良性循环，实现各环节互利。

依托“小区块” 做实“微闭环”确保“大安全”

湘潭市雨湖区先锋街道地处湘潭城区北大门，下辖5村2社区，常住人口4万多人，包括1万余名外来务工人员和学生，是典型的城乡接合部，辖区各类企业多，老旧小区、出租房多，工程建设项目多，安全生产、防灾减灾工作压力大。自启动扁平化治理以来，先锋街道建立快速处置中心，以“万无一失、一失万无”的工作理念，以“小区块”为抓手，做实“微闭环”、确保“大安全”，实现应急管理工作新跃升，连续10年获评市、区先进，2021年获评湖南省“第一批应急能力建设达标单位”，2022年成功创建“湖南省安全发展工作示范街道”，2023年8月突发灾情应急处置工作，获中华人民共和国应急管理部通报表扬。

下沉力量优化应急管理机制。一是全面理顺机制。出台扁平化治理实施方案，将街道原有8个内设机构整合优化为快速处置中心等4个中心。将原属应急、城市管理、综合行政执法等部门职能整合到快速处置中心，加强对全街应急管理工作的统一调度，形成“大事共议、急事共商、要事共决”工作局面。二是全员下沉力量。制定《区块治理员管理办法》，深入开展“三级干部进区块”活动，街道、村社干部全部下沉到区块一线；100余名干部采取“1+X”组队模式分派至35个区块联点包户，区块治理员、协理员、监督员按照“1+N+1”治理模式分片包干，充分调动各方力量广泛参与，精准摸排辖区各类安全隐患。三是全域明责考核。制定《区块治理员工作职责清单及考核细则》，将企业生产、交通运输、消防、燃气、新兴行业领域等安全监管工作纳入区块治理员年度考核指标。表格化设计安全隐患排查要点便于区块治理员、协理员开展隐患排查。

灾害风险隐患信息报送

工作动态

2023 年第 39 期

风险监测和综合减灾司　　2023 年 8 月 29 日

关于湖南湘潭雨湖区成功避险一起洪涝灾害的通报

汛期以来，受持续强降雨影响，湖南省部分中小河流发生险情。湖南省应急管理厅主动应对，要求各级应急管理部门组织做好巡查排查和应急处置工作，有效保障了人民群众生命财产安全。

7 月 18 日晚，湘潭市雨湖区突降暴雨，小时雨量达到 50 毫米以上。雨湖区先锋街道主要负责人接到区应急指挥中心叫应后，紧急组织调度，安排相关人员开展巡查排查。20 时 30 分左右，先锋街道先锋村巡查员田帅永在巡查至该村左干渠时，发现渠内水位猛涨，大堤外侧出现了两处管涌，立即电话报告街道值班领导。街道接报后迅速上报区应急指挥中心和区水利局。经初步研判，两处管涌可能导致决堤，严重威胁堤下三个村组 200 余村民及瑞丰蔬菜批发市场商户的生命及财产安全。先锋街道副主任张韧立即组织乡村应急队员 15 人赶往现场紧急处置，同时通知先锋村两委干部连夜通知和疏散附近 200 余村民及商户。在区应急指挥中心调度和区水利局技术人员指导下，23 时 50 分，两处管涌得到初步封堵，排除了险情。由于巡堤人员及时发现报告险情，区、街、村联动应急处置，第一时间堵住了管涌，未造成人员伤亡和财产损失。

这是一起典型的洪涝灾害风险隐患早发现、早报告、早处置案例。针对强降雨过程，区应急指挥中心及时叫应。街道村积极组织开展巡查排查工作。村巡查员发现风险隐患后第一时间上报，区、街、村联动应急处置，避免了垮坝风险。湖南省应急管理厅在收到湘潭市应急管理局上报的案例后，及时梳理相关材料并以书面形式报送部监测减灾司。

现特对**湖南省应急管理厅、湘潭市应急管理局、湘潭市雨湖区应急管理局、先锋街道、先锋村以及田帅永、张韧等同志予以通报表扬。**建议各省（区、市）应急管理部门高度重视，加强灾害风险隐患信息报送工作组织，积极挖掘本地典型案例，及时开展报送宣传工作。

报送：司领导

抄送：各省、自治区、直辖市及新疆生产建设兵团应急管理厅（局）

编辑：刘海政　　审核：马玉玲　　签发：袁　艺

－2－

整合资源提升综合保障能力。一是着眼实战训练。组织修订完善生产安全事故综合应急预案及防汛抗旱、森林防灭火等各条线专项预案，不定期在不同区块开展演练，提升各区块森林防灭火、防汛抗旱、地质灾害防治等实战能力。二是集中储备管理。以“集中管理、急需即用”为原则，建立全区唯一一个覆盖整个街道、辐射半个雨湖的综合应急物资储备中心，集中存放安全生产、疫情防控、民兵应急等领域 55 类 3000 余件物资；积极探索社会代储，与辖区湖南庆丰食品有限公司、湖南湘韶混凝土有限公司等 5 家企业签订食品、重型机械设备等代储协议，为应急物资综合调度提供保障。三是综合施策。街道坚持资金优先保障，以向上级争取一部分、街道解决一部分、企业自筹一部分的方式，用于隐患整改。争取上级资金 700 余万元对桐梓村农民科技园、桃源路口等区域 2000 余米进出主干道进行提质改造；以企业共筹、街村共建方式筹集资金 40 余万元，铺设消防主管道 1000 余米，安装消火栓 21 个，消除企业连片区无消防水源重大隐患；联合职能部门开展重大隐患联合执法行动，倒逼企业落实主体责任投入 100 余万元整改，系列重大安全隐患彻底整治到位。

智慧赋能强化应急处置水平。以扁平化运行的应急管理指挥体系，凭借其信息资源共享、协调联动共治等优势，综合调度，快速处置，激发出先锋应急管理的强大合力。一是搭建“共治”网。依托“千年雨湖”政务微信平台，街道搭建辖区安全隐患信息居民发现上报——区块治理员、协理员以及部门现场处置——安全隐患治理情况居民现场监督反馈的工作平台，开创了安全发展共建、共治、共享的模式。二是畅通“指挥”网。按照分类管理、分级负责、条块结合、属地为主的应急管理体制原则，依托省应急管理系统省、市、区、乡、村“五级联动”平台，建立统一指挥、综合协调的应急救援指挥系统，有效整合森林防火、防汛抗旱、民兵应急队伍，明确由应急办主任担任应急排排长，统一调度各类应急人员、物资、装备，确保信息畅通，设备设施用得上，救援保障物资跟得上。三是用好“广播”网。依托“村村响”高音广播，定期播放安全生产、防灾减灾救灾等信息，不断增强辖区村民安全意识，提高防灾减灾救灾能力。

多方宣传树牢安全发展意识。一是深化安全“五进”。依托区块治理模式，以区块治理员、协理员为抓手，通过信息群发推送、开展专题培训、召开屋场会、民情恳谈会等形式，扎实开展安全生产宣传进企业、进社区、进农村、进家庭、进校园活动，解决居民群众关心的、身边的安全生产隐患。二是开展“面对面”宣传。在预防小火亡人、一氧化碳中毒、森林火灾防治、秸秆禁烧、“一盔一带”道路交通安全宣传，以及应对洪水、山体滑坡地质灾害应急处置过程中，扎实开展安全宣传“敲门行动”，向辖区居民发放资料，进行“面对面”宣传，拧紧全社会安全思想“总开关”。三是构建“党建+安全”格局。依托“红色先锋党建联盟”，构建“党建+安全”发展格局，将大型联盟成员单位单独作为小区块进行管理，由单位主要责任人牵头落实安全发展责任，定期配合街道、区块治理员开展安全生产检查、安全知识宣传等工作，让安全生产、品质生活理念入脑入心。

先锋街道在高岭社区开展安全生产月宣传活动

共享百家宴　共叙邻里情　共建幸福家

广场街道聚焦高层楼栋陌邻缺乏沟通、老旧小区自治欠缺规范、江麓片区设施不够集约等问题，充分发挥区块治理员、协理员引领基层治理的积极性、能动性和创造性，持续巩固各方共商、多元共治、全民共享的扁平化治理新格局。

百家会宴，高层楼栋“陌邻”变“睦邻”。为打破新建住宅小区邻里关系淡漠、楼栋自治难以达成高度共识的固有局面，广场街道党工委、和平社区党总支在充分调研基础上，指导 296 区块治理员带动金桂楼 3 栋的“自治小组”自主商议、精心策划举办“和平家宴”。治理员和 7 名协理员两两组队上户走访发动，最终征集到了 63 道菜品和 12 个文艺节目，活动当天，110 户居民全员出动，评厨王、猜灯谜、玩游戏、看表演、拍全家福，现场一片欢声笑语，一大批“热心居民”脱颖而出。“和平家宴”是该社区第四届“邻里节”的重要活动单元，通过常态化举办邻里节庆活动，各区块逐步搭建起了邻里和睦、楼栋和谐的“连心桥”，越来越多的居民从楼栋事务的“冷眼旁观者”变成了“热心参与者”，区块协理员后备力量不断壮大。

甜蜜自治，小区治理“验方”变“经方”。全区扁平化治理全面推开后，广场街道南盘岭社区聚焦老旧小区居民自治和物业管理两大难题进行攻坚探索，以 299 区块甜蜜园小区作为突破口，指导该小区成立功能性党支部，将协理员骨干选进小区业委会，实现了小区党支部和业委会的双向交叉任职，实行业委会无偿志愿服务模式。小区党支部和业委会定期召开民情恳谈会和共商议事会，健全完善小区物业服务有偿提供机制，群策群力解决了小区高空坠物、房屋安全隐患、管道维修维护、绿化养护等小区治理难题。与此同时，小区自治团队因地制宜，充分利用小区公共空地规划停车位，实行“潮汐式”停车收费，为小区每年带来约 5 万元的增收。此外，该小区还设立了“甜蜜账单”专栏，每季度定期对物业管理财务收支情况进行公示，及时回应业主诉求，自觉接受民主监督，小区物业缴费率达到 100%，连续三年以返现或抵扣物业费形式给业主分红。在此基础上，南盘岭社区进一步摸索形成“三个一”工作机制，探索打造了以甜蜜园小区为代表的“志愿者制”、以南岭花园小区为代表的“承包制”、以万旺·南岭阁小区为代表的“聘任制”三种小区自治模式，各区块小区治理和物业管理实现了初级的规范化。

便民生活，片区设施“集聚”变“集约”。2023 年，广场街道启动“湘潭市完整社区建设试点”项目，积极打造“和平美好片区”2.0 升级版。区块治理员、协理员通过线上+线下、走访+座谈的形式，召开多场民情恳谈会，努力将居民意见需求“一网打尽”，并转化为项目实施计划。升级改造以来，街道聚焦“一老一小”，打造了综合养老服务中心和“一老一小”活动中心；聚焦宜居生活，增补健康步道、户外健身器材、室内健身房、阅览室、篮球场等，全面提质居民休闲娱乐阵地；聚焦平安守护，全域添置高清摄像头、云广播预警，打造智慧安防、智慧服务、智慧生活等优质板块，实现了智能安防全覆盖。江麓片区“十五分钟便利生活圈”提质升档，覆盖 4 个社区 22 个区块的便民服务设施提前实现了从“集聚”到“集约”的华丽蜕变。

谋物业“良方”　促基层“善治”

楠竹山镇聚焦市场化物业服务企业不愿进驻、老旧小区基础设施差、发展模式不持续等痛点难点问题，与江南集团合资成立湘潭江楠管家科技信息有限公司（简称“江楠管家”），打破村（社区）、小区边界，对全域物业服务“集中打包”，并在4社区1村设立项目服务部，逐步承接市、区级政府相关公共职能，延伸业务范围，让基层管理服务更加专业化、市场化、标准化。

江楠管家科技信息有限公司揭牌仪式

政企合作，缔造“里子实”家园。为破解小区没人管，基层治理体系中物业管理力量长期缺失的全国性难题，楠竹山镇发挥区域经济、政企互动、群众等优势作用，成立政企融合的江楠管家科技信息有限公司，承接全域物业管理服务。整合村（社区）干部力量 45 人，配合智能化大物业管理工作，联合社区、物业公司，开展大走访工作，面对面听取业主意见建议，宣传法律法规和相关政策，对业主合理的诉求在政策允许的范围内尽量解决。江楠管家成立以来，为居民小区安装庭院灯 500 余套、修复楼道灯 1000 余个、清理疏通化粪池和下水管道 200 余处、电梯维修 20 余处，获得了居民群众的广泛好评，市（区）长热线物业服务类投诉同比下降 50%，荣获湘潭市新时代“枫桥经验”先进典型，在全市公众安全感民意调查中荣获乡镇类第 2 名。经验做法获“人民网”《湖南日报》《湘潭日报》等媒体平台宣传推介十余次，改革经验在《湖南建设信息》简报、湘潭市委《改革简报》得到推介，成功入选全省 2023 年基层治理创新实验镇。

党建引领，锻造“优服务”队伍。实施“美好楠竹 精治共建”党建特色项目，实行“大党委”制，搭建“党建+共建互联”平台，充分整合驻镇企事业单位优势资源，选派区块治理员 32 名，选聘 131 名离退休党员、楼栋长等担任协理员，镇村社干部、党员志愿者和协理员全面参与治理服务，下户全镇 8247 户，一家家上门宣讲政策、办理手续，解决困难。充分发挥党员先锋模范带头作用，发动 11 名专业技能人才打造“银发人才工作站”，161 名党员骨干担任区块协理员，开展志愿服务，镇新时代文明实践所获评市五星级新时代文明实践所。2023 年以来，三级干部下户走访共计万余次，发放各类政策宣传资料 3 万余份，收集并解决群众问题共 770 余件。依托搭建的党组织、业主委员会、物业三方定期议事机制，快速解决事项 2000 余件。

开源节流，打造“可持续”模式。智慧赋能，研发“智慧楠竹”公众号，开设数字政务、江楠管家两大板块，畅通群众在物业服务等民生领域反馈问题、解决问题的渠道，2022 年以来，通过“智慧楠竹”受理各类群众诉求 2793 个，均得到妥善解决。应用云计算、大数据、物联网等信息化技术建设智慧小镇，将各项工作接入江楠管家数字化工作平台，实现多种工作可视化管理。投入资金 35 万元用于积分制的兑换，围绕平安创建、热心公益、社区建设、环境整治、模范带头、经济发展 6 大类设置积分项目通过“积分制”链接商圈内饭店、超市、服务业等企业资源，政企供需适配对接得到推动，提振了辖区市场主体的发展信心，实现积分折抵物业费、理发、餐饮、购物等，覆盖老百姓衣食住行。通过党建共建、党群互动，推动政府与社区、商户与住户共治共享，形成商圈“红”、人气“旺”、民心“暖”的基层治理新格局，使商圈逐步成为引领企业家干事创业的发展共同体。开拓业务，通过江楠管家，先后承接了电子警察抓拍系统及信号灯安装项目、生态停车场项目，规划建设 75 个生态汽车停车位和 243 个非机动车停车位。公司运营至今，物业费收缴率从 31. 8%提高到 95. 3%，产生的增值服务收入达 40. 2 万元，每年减少江南集团社会服务支出 267 万元。

聚合多元力量　共建和美社区

白石社区紧扣“建设人人有责、人人尽责、人人享有的社会治理共同体”的目标。以扁平化治理为抓手，破除思维定式、整合资源力量，发挥居民才智，增强居民“主人翁”意识，携手共创和美社区。

转变服务理念，做实两项清单

区块治理员作为推进扁平化治理走深走实的主角，转变了传统政务服务理念，推动治理员从“坐班”服务的“老司机”成长为走街串巷、上门入户的“全能型运动员”，他们深入基层“毛细血管”抓好各项工作落实。以“走进家门三步法”的方式，通过破冰行动——邻里融入——特色打造，详细摸清各栋居民基本信息，并将邻里互助卡送到每家每户，建立健全了需求、资源两项清单，从而动态掌握区块内的实有底册信息，构建好政民沟通服务一张网，我们的社区干部逐渐成为基层治理“多面手”，也在为民服务中不断增强本领，掌握方法，社区也回归到居民自治的本质上。

转变治理模式，实现力量倍增

社区坚持“党员干部带头干、骨干力量跟着来、划片分组户包干、一社一邻一家人”的理念，每 15 户推选一名协理员联系服务居民，这 116 名协理员成了社区与群众之间联系的直通车、互动的连接点、矛盾的缓冲带，解决了社区工作难入微、难匹配、难动员的问题，我们的协理员活跃在了每个小区楼栋，他们从“旁观”到“参与”，从“局外人”到“主人翁”，从“陌邻”到“睦邻”，党群干群关系也由“你和我”逐渐向“我们”转变。为让热心人有名份，激活服务群众的内生动力，社区统一为协理员制作了工作证、联系卡、公示牌，组织召开见面会、分享会，开展“寻找发光的你”活动选树推荐典型，聚合了 20 多家“爱心商户”为其提供优惠服务，通过政策激励、各方支持、荣誉引领，形成了良性治理生态。同时启动合伙人培育计划，全力挖掘能人、贤人、高人等首创群体，线上征集金点子，线下家门口议事，问计问策 50 余条，创新探索居民共商共建共治共享的新路子，真正实现“家人管家事”。

结合邻里文化，打造群众大舞台

我们深化和延伸“家门口党建、家门口服务、家门口文化、家门口协商”，校地合作孵化兰心志愿者协会组织，企地携手创办家门口的老年大学，居民共创“家”文化艺术节，线上直播“弘扬清廉家风，传承清芬正气”宣讲，观看人次达 2 万人，开展“和美社区我的家”楼栋全家福拍摄，打造了“先锋楼组”“植趣楼组”“书香楼组”等特色楼组文化，共建睦邻、互助、和谐、温馨的楼组氛围，真正验证了那句话“给群众一个平台，就能成就家园一片精彩”，让居民充分感受到社区温度，提升居民被服务感，居民投诉率同比下降 92%，风险隐患率同比下降 18%，物业费收缴率同比增长 25%，从源头上预防和减少社会矛盾，有效提升基层治理效能。

在白石公园举办“和美白石·家文化艺术节”群众大舞台

服务群众，只有起点，没有终点。我们将持续深耕扁平化治理，更精准地服务群众，使其成为热在基层、热在常态的工作机制，惠及千家万户，善积“尺寸之功”，饱含为民服务的拳拳深情，实现干群关系双向奔赴，全力推动和美社区建设。

以“五在楼栋工作法”打通社区治理“最后一米”

近年来，吉利社区紧紧围绕习近平总书记关于城市基层党建的重要指示精神，依托雨湖区扁平化治理优势，把居民楼栋作为加强党的建设、深化基层治理、细化社区服务的重要阵地，创新推行政策宣传在楼栋、信息收集在楼栋、问题发现在楼栋、环境治理在楼栋、暖心服务在楼栋的“五在楼栋工作法”，有效融入区块治理元素，整合社区治理资源，明确各类人员分工，真正将服务送到居民“家门口”，打通社区治理“最后一米”，切实提升了群众的获得感、幸福感、安全感。

吉利社区十个区块居民齐聚一堂开展“感恩新时代，邻里和谐百家宴”活动

政策宣传在楼栋，把党的声音传进千家万户

一是打通主动脉。根据“楼栋相近、人员相熟”的原则，将社区科学划分为10个区块，以社区党组织为核心成立二级区块党支部和楼栋党小组，由社区两委中的党员担任区块支部书记，优秀骨干党员担任党小组组长，居民代表任邻长，形成“社区党（委）支部+区块党支部+红旗楼栋中心户”的基层治理体系。二是建强主力军。按照党员优先、区块治理员优先、退役军人优先、优秀志愿者优先的“四优先”原则，选优配强单元楼栋长，楼栋长以楼栋为单位负责将便民政策、社区各项工作指令第一时间传达到户、第一时间通知到人。三是唱响主旋律。通过“社区造节”筹备开展百家宴、社区春晚等文化活动，凝聚力量共建和谐家园。社区自2011年成立以来，每年如期开展邻里和谐节，从组建邻里和谐节活动筹备组、制定活动方案到募集活动资金、全面宣传发动，通过一系列的活动，不仅可以有效增强社区班子团队意识和服务能力，还可以引领社区居民积极参与社区治理，提升居民群众幸福感，不断优化党群干群关系，营造了多元治理格局。

信息收集在楼栋，把民情民意聚在组织身边

一是“线下”建“前沿哨所”。在每楼栋入口显眼位置公示区块治理员、楼栋长的联系方式，本栋的基本信息，让居民随时找得到人、说得上话、办得了事。楼栋长每周排查楼栋人员信息，及时收集居民“急难愁盼”问题，能解决的楼栋长解决，解决不了的向区块支部书记报告，由支部书记在每周党委周例会上协商解决。二是“线上”搭“智慧中心”。依托千年雨湖智慧平台，用好事件上报、咨询求助，有事群中协商等功能板块，实现“接诉即办”。在有条件的楼栋单元，安

装智慧门禁系统，通过门禁的信息采集、门禁开门轨迹，掌握居民出行情况，实现人口清、底数明。三是“上门”摸“民情民意”。社区“两委”成员、区块治理员、楼栋长、社会工作者组成“民情小分队”，以楼栋为单位收集群众需求，逐一“过筛子”研判，对居民普遍反映强烈的问题提出有针对性的整改措施。

问题发现在楼栋，把急难愁盼化在基层一线

一是健全问题收集机制。建立一名区块治理员联系多名群众的联系机制，同步开展党的组织进楼栋、党员义工进楼栋、党的服务进楼栋、党的声音进楼栋“四进”活动，收集居民群众在居住环境、物业服务、社区建设、养老需求等方面问题，并建立完善工作台账。二是健全问题处置机制。健全完善社区党建联席会议制度，整合社区驻区单位、公安民警、司法人员、社区志愿者、楼栋长、律师、“两代表一委员”等各方力量，成立“吉利社区社会治理议事厅”，适时邀请人大代表和政协委员参加，集中研判解决涉及面广、情况复杂的问题。三是健全问题反馈机制。针对群众反映合理诉求，通过上门回访、电话告知等方式，及时将办结情况向群众反馈，在楼栋群、区块治理群中进行公示，接受群众监督，定期开展民主测评，形成问题收集、处置、反馈管理闭环。

环境治理在楼栋，把美丽家园建在群众身边

一是创新工作载体。按照“先易后难、先急后缓、先实用后美化、先集体后个人”原则，通过示范带动、抓点拓面，“一楼一策、一楼一特”让楼栋既有“颜值”又有“内涵”，彻底改变老旧小区脏乱差现状。二是激发自治活力。社区牵头组建居民志愿服务队，配合楼栋长开展楼栋及社区环境卫生整治、监督等工作，通过评选楼道“志愿服务之星”，调动居民主动性、积极性，打破以往“只扫自己门前雪，不管

他人瓦上霜”的局面。三是突出建章立制。组织居民签订涵盖尊老爱幼、爱护环境、文明养犬等内容的《社区自治公约》承诺书，按照“谁破坏、谁修复”和分层包保原则，严格遵守社区居民公约的奖惩制度。近期，为积极响应雨湖区大力发展社区经济号召，社区迅速将有偿服务与无偿服务理清边界，引领辖区居民履行市民职责，2024 年 1 月以来，享受园区发展红利多年的社区商户及居民通过社区的发动引领和楼栋长的率先示范，纷纷交纳卫生费，截至 3 月底，收取居民卫生费 32 万元，预计年收入可达到 90 万余元。此举真正实现了党建引领、民主协商贯穿社区治理全过程，通过民情恳谈会、楼栋长座谈会等方式，推动社区由社区“管理型”向居民“自治型”转变。

暖心服务在楼栋，把党的温暖送到群众心里

一是强阵地，提供优质便捷服务。立足就近就便、开放共享，打造社区“15 分钟服务圈”，充分整合社区现有资源，将阵地前移、服务下沉，为群众提供热心帮办、爱心预约、贴心代办、暖心回访等定制服务。二是强载体，提供多元暖心服务。以“党建+公益+服务”为载体，常态化开展“民情恳谈会”“社区百家宴”“党员亮身份”“有事找党员”等活动，动员各类社会组织、社会志愿服务者组建政策宣讲、法律援助、助老助残等公益团队，为群众提供多元专业服务。三是强素质，提供精准周到服务。实施社区干部能力提升工程，聚焦建设全能型服务社区，为群众提供上门健康体检、水电维修、心理疏导、困难救助等精准服务，用真情服务居民。32 栋的楼栋长周建均在走访中了解到社区文化前栋（32 栋）外墙瓷砖严重脱落存在较大安全隐患，也极大影响居民群众日常生活和出行。他得知情况后及时上报社区，社区迅速着手处理，立即在附近拉上警戒线，做好周边居民解释疏导工作，线上微信群提前告知修缮时间，线下提醒行人及车辆小心避让。经过几天奋战，社区的危险墙经过有效整改焕然一新，及时有效地消除了安全隐

患，确保广场上行人的安全通行，周边群众和商户纷纷为此举点赞。

多年来，吉利社区围绕让居民生活更加幸福的工作理念，聚焦群众愁盼事，不断创新工作举措，丰富活动载体，擦亮社区品牌，栉风沐雨十余年，稳妥带领社区居民实现由“村”到“居”，由“村民”到“居民”的转变，接续向广大居民朋友传递善意和力量，彰显了新时代社区基层工作者的责任与担当。

吉利社区 10 个区块老年人欢聚一起载歌载舞共度重阳节

第五章　治理之标

基层治理的制度化、规范化、精细化特征日益突出，对以标准助力基层善治提出了新的要求。雨湖区扁平化治理紧抓获评国家级标准化试点契机，建立健全基层扁平化治理标准体系，有效促进各方面、各层级理性回归。

扁平化治理资源信息库管理规范

1. 术语和定义

1.1 治理资源信息库

将雨湖区扁平化治理各类信息数据资源汇总形成的信息数据库，包括人口基础信息库、资源资产信息库和三类人才信息库。

1.2 人口基础信息库

人口基础信息库是对已添加政务微信的村（居）民数据为基准，对居民信息依据户籍地、常住人口、流动人口、重点及特殊群体、风险隐患等级等要素设立标签进行分类而形成的数据库。

1.3 资源资产信息库

资源资产信息库是把雨湖区资源信息和资产信息统筹建立的信息数据库。

1.4 三类人才信息库

三类人才信息是指经济发展能人、德高望重贤人、献计献策高人此三类人才，发挥带动、凝聚和示范作用，推动人才队伍建设组成的数据库。

2. 总体原则

2.1　规范性原则

扁平化治理资源信息库的建设、管理、维护需符合满足国家相关法律法规、政策文件及标准要求。

2.2 先进性原则

充分利用先进技术手段，采用成熟技术手段对扁平化治理资源信息库进行管理。

2.3 安全性原则

进行严格的安全管理，使用安全可控的技术和设施。在资源信息库的建设、运行和管理等方面都应制定严格的安全保密措施，确保扁平化资源信息库系统安全、正常和有效地运行。

3. 管理职责

3.1 区委政法委负责扁平化治理资源信息库的建设、管理、维护等工作。

3.2 区统计部门负责人口基础信息采集、维护等工作。

3.3 雨湖区公安部门负责人口信息系统和流动人口信息系统的规划、建设、维护和管理。

3.4 区财政部门负责全区资源资产信息建设，建立“一平台、一个库、一张图、一套表、一报告”信息化管理，实现全要素信息化、系统化、可视化管理。

3.5 区委统战部负责三类人才信息库的信息汇总、日常应用管理。

4. 管理内容

4.1 信息入库

4.1.1 信息入库按照“谁产生、谁负责、谁维护”的原则，各业务部门根据部门职责和业务分工，负责本部门数据资源的统筹规划、建设和目录编制。

4.1.2 对处理后的数据应进行入库前检查，检查内容包括但不限于：

——数据数量、数据有效性和数据格式；

——数据是否存在规定数据表中；

——入库数据是否完整；

——与入库数据要求是否一致；

——数据是否重复入库；

——入库参数是否正确等。

4.1.3　经检查合格的数据装载入库，并对已入库数据进行标签定义。

4.2　信息出库

4.2.1　信息库采取分级管理制度，保密性越高的信息等级越高。区直部门根据工作需要需调用高等级数据时，应向区块处置中心管理人员提出调用申请，经区委政法委领导同意后方可准予调取相关信息数据。

4.2.2　扁平化治理数据资源只能用于部门履行职责和特定工作需要，使用部门应按照“谁使用，谁负责”的原则对数据使用的全过程进行严格管理。

4.2.3　普遍共享类数据资源调取由申请使用部门在“千年雨湖”智慧平台发起办公审理服务申请，通过扁平化治理资源信息库管理部门相应审批人依次审核批准同意后，可准予调取使用相应数据。

4.2.4　扁平化治理资源信息库管理部门应对数据调用申请进行综合分析研判，对使用用途不明确、存在安全风险隐患的数据调用申请，可驳回数据调用申请，并向数据申请调用部门说明不予受理原因及理由。

4.2.5　数据信息资源调用申请使用部门对扁平化治理资源信息库管理部门不予提供的意见持有异议的，可向综合指导中心申请协调处理，由综合指导中心对该事项进行研究并出具意见，必要时报请区领导研究决定。

4.3　信息更新

4.3.1　依据归集目录中更新周期，对新增、变更和注销等数据进行数据更新操作，数据更新成功后及时推送至信息库，归档成为可用的数据；数据更新失败应及时将数据反馈到数据提供部门处理。

4.3.2　对于经常变化的信息，应尽可能实时更新。对于相对稳定的信息，可以定期更新。

4.3.3　信息的更新需要经过政法委审核和提供信息的各相关部门的确认后方可更新，以确保更新的信息符合规范和要求。

4.3.4　更新的信息必须保证数据的质量，避免错误、重复和遗漏等信息质量问题。在更新信息之前，应对信息进行验证和审核，以确保信息的准确性和完整性。

5. 管理要求

5.1　日常管理

应建立扁平化治理资源信息库管理制度，进行信息资源库的日常检查、隐患排查、故障排除、备份恢复、应急管理、人员管理、运维管理等日常管理工作。其中备份恢复应制定备份策略，对信息资源库进行日常备份和灾难备份，信息资源库的灾难备份要求参见《信息安全技术 信息系统灾难恢复规范》（GB/T 20988）中相关规定。

5.2　安全管理

5.2.1　基本要求

应根据实际情况确定信息资源库的安全级别，依据《信息安全技术 网络安全等级保护基本要求》（GB/T 22239）中相应等级保护要求执行，且需建立必要的安全管理制度，落实安全保密责任，采取安全措施，定期开展网络安全风险评估和网络安全检测，提升突发安全事件响应处置能力，确保信息资源库的数据和运行环境的安全。

5.2.2　安全管理制度

应建立健全完善的安全管理制度，定期组织开展数据安全教育培训，安全管理制度中需包括以下主要内容：

——数据安全保密管理，包括安全目标和安全策略的制定、用户权限的划分和审批、密码的保管与时效、联网计算机的范围、环境和介质的管理等；

——数据安全应急预案，包括定期开展安全评测、风险评估和应急演练；

——数据运行管理，规定数据访问、数据导出、数据更新、数据备份等工作流程，软硬件设备管理，操作人员和管理人员的职责，数据的应用范围及安全日志管理等。

5.3　运维管理

5.3.1　扁平化治理资源信息库主管部门应制定资源信息库运维管理相关制度，明确运维服务方式、运维对象及内容、运维服务程序、运维服务管理要求等内容。

5.3.2　扁平化治理资源信息库运维管理应按照《信息技术服务 运行维护第1部分：通用要求》（GB/T 28827.1）、《信息安全技术 信息系统安全运维管理指南》（GB/T 36626）的规定执行。

老城区商业经济发展工作指南

1. 总体原则

1.1　因地制宜

坚持因地制宜原则，结合区域资源禀赋及发展基础，正确把握区域特色，充分发挥区域优势。

1.2　统筹兼顾

充分发挥各地区优势，加强政策协调和规划衔接，优化区域功能布局，推动区域城乡协调发展，不断增强发展的整体性、协调性。

1.3　创新引领

贯彻新发展理念，加快发展数字经济发展，推动老城区数字经济和实体经济深度融合。

2. 拓展方式及内容

2.1　传统商圈经济

2.1.1　加快传统商圈及周边的城市基础设施建设，利用老旧小区改造等项目，完善水、电、路、气、网等相关配套设施，通过增设公共停车位、开放政府停车场、设立小区停车位等方式切实解决购物停车难问题。

2.1.2　积极盘活闲置商业资产，加大招商力度，引进大型商业综合体和新型业态，加快传统商圈提质升级。

2.1.3　优化营商环境，推进扁平化治理，政府职能部门主动联系对接辖区内商贸企业，出台有效措施，扶持企业做大做强。

2.2　夜间经济

2.2.1　围绕“玩在湘潭，吃在雨湖”为主题的发展思路，将美食与文化消费体验相结合，推动夜间经济发展。

2.2.2　宜逐步优化商业综合体内餐饮门店布局设置，具体方式如下：

——布局在大型休闲娱乐购物综合体内的品牌餐饮店：宜采取连片集中设置的布局模式，经营类别以中西式正餐、火锅、休闲餐等为主，客流对象以城市家庭为主，吸引其在周末或夜间休闲时间进行消费。

——布局在综合超市、商业写字楼或上述购物中心负一层或负二层的特色小吃门店：宜以各类简餐、特色小吃、快餐为主，吸引本地居民或外地游客进行夜间消费。

2.2.3　宜推动临街餐饮门店提质升级，具体方式如下：

——沿街商业区块店：方便区块周边居民夜间外出休闲、用餐，同时精准服务外卖半径范围内的小区居民和零散住宿旅人，美食供给以本地家常大众产品为主，入驻门店以连锁品牌餐饮店、本地老字号以及老街坊店为主，保证夜间消费客源；

——传统商业街区店：围绕城区中心商业区进行餐饮门店整体布局，深挖城区特色小吃、饮食非物质文化遗产技艺等彰显地方美食特色的门店入驻，把握夜间大排档和夜宵夜市时间段，促进消费；

——历史/旅游街区店：宜加强宣传推介，增强对外地旅客吸引，打造以品牌餐饮、老字号餐饮、特色餐饮为主，以“美食+城区特色文化”为卖点的综合美食集聚区、依托城市核心旅游景区/公园的强调体验文化和传统的主题型餐饮门店。

2.2.4　宜推动多元业态补充区域商业发展，具体方式如下：

——可在城区沿江区域打造沿江连片美食地摊，围绕重要沿江景点和视野优良观景区域进行贩卖经营，包括临时移动的传统夜宵或食摊；

——可根据城区规模与消费集散情况合理布局 24 小时便利店；

——可在 22：00 之后时间段，通过“云端”或“外卖服务”等实现将美食产品和服务，有效嵌入其他夜间消费空间；拓宽外卖配送半径，增加分散在社区居民生活半径 3 千米范围内的烧烤、火锅、特色小吃等，逐步形成线上虚拟夜宵食街；

——打造夜游项目，提质“夜景+美食”产品供给，开辟夜间游览路线并提供特色美食。

2.2.5　宜加强配套服务保障，具体包括以下内容：

——增强“夜态”的空间思维，在空间维度上聚焦业态、深挖产品、激活存量，打造城区特色夜间经济。

——鼓励和引导延长经营时间的夜间场所，高效利用夜间消费的黄金时间（22：00—23：00 前）。

——柔性放宽对摆摊占道经营的管制或城镇化新城区格局规划。

——发放文旅惠民消费券，促进夜间消费。

2.3　“一老一小”经济

2.3.1　养老服务

可通过以下途径，优化养老服务经济发展：

——机构服务：可由街道牵头，在社区建立养老联络站，摸排辖区内有需求的老人。将辖区内具备条件且闲置的办公用房、医院、疗养机构等场所整合改造为集医疗、康复、养老为一体的康养中心，配置相应的养老软硬件设施及人员力量；

——社区服务：打造社区养老驿站，站内设置日间照料中心，培训专业服务人员，为社区内有需求的老人提供生活照料服务；

——居家服务：以街道为单位对有需求的老年人根据家庭、年龄、健康等因素，为家庭安装烟感报警、睡眠监测、健康监测、智慧水电气、智能手表等不同类型的智能设备，打造居家养老平台，实现 24 小时在线监测，并实施社工和紧急联系人“双预警”，保护老年人居家安全。

2.3.2　“银发经济”

可通过以下途径，推动“银发”经济发展：

——发展特色旅游：充分考虑老年人的身体状况和兴趣爱好，开发针对老年人的旅游产品，如健康养生游、文化体验游；

——繁荣老年用品市场：鼓励企业研发和生产适合老年人使用的产品，如保健品、医疗器械等。在商场、超市等场所设立专门的老年用品专区，提高老年人的购物便利性；

——发展老年教育：推广老年大学，为老年人提供各类教育课程，如计算机基础、外语、书画、音乐等。通过开展丰富多彩的教育活动，满足老年人的学习需求，丰富老年人精神生活；

——激活老年人力资源市场：建立老年人才库，为有意愿继续工作的老年人提供合适的岗位和职业培训，鼓励企业聘用老年人，提高老年人就业率和社会地位。

2.3.3 儿童经济

可通过以下途径，推动儿童经济发展：

——建立托育中心：依托社区建立托管中心，为有需求家庭提供婴幼儿照护服务和多元化托育服务；

——打造遛娃地标：依托现有公园、景区等公共设施或闲置地块，举办儿童音乐会、儿童游乐园、儿童科技馆等活动。适时组织开展各类亲子活动，如亲子游戏、亲子趣味运动会、手工制作比赛、亲子音乐会等吸引人流量，营造浓厚氛围；

——建立亲子乐园：结合当地实际打造具有主题特色的亲子乐园，围绕主题进行规划与设计，从游客体验出发，兼顾实用价值与美观性。可与当地有能力的商超、幼儿园、小学合作，举办研学活动。

2.4 文旅经济

2.4.1 减少同质化发展，找准定位，可通过组织红歌会、广场舞节、本地美食节等活动焕发文旅活力。

2.4.2 围绕“千年雨湖”主题，深挖本地文化资源和特色，提供特色产品。

2.4.3　打造精品旅游路线，围绕重点文旅景点，进一步完善停车场、讲解服务、体验店等配套设施，加大对旅游路线的宣传力度，形成品牌效应。

2.4.4　创新文创产品，将湖湘文化的特色底蕴与雨湖的历史人文资源相融，形成特有的雨湖 IP。

2.4.5　增强消费者与景区文化的互动体验，可利用 AR、3D 技术打造特定场景、还原历史故事，将文旅与研学结合。

2.5　数字经济

2.5.1　充分利用大数据、5G 等技术，对展览馆、文化节等开展云展览、云直播、云讲解等形式，推动对外新媒体文化传播，拓展传播的广度和深度；不断丰富新媒体发布信息内容，根据不同平台特点提供相应的营销内容，在微博、小红书等社交平台提供图文攻略或者是打卡美照、抖音、b 站等视频平台提供优质视频。

2.5.2　积极引进培育新媒体传播专业人才，重点是直播带货、电商运营、短视频推广等专业人才，可举行相应比赛，根据点赞量和转发量进行评选，在选拔人才的同时加大热度；

2.5.3　邀请大 V 主播以直播的方式为本土主播或是新兴主播进行"传帮带"，展示如何宣传推介"雨湖蔬鲜""窑湾鱼"等产品，在培训的同时为本地产品进行推广，提升雨湖的网络影响力。

3. 评估监测

应探索建立老城区商业经济发展评估监测机制，科学建立评估指标体系，明确评价方法、评价程序，定期对网红经济、数字化商业等新业态发展效果开展评估。

新型社区经济发展工作指南

1. 范围

本文件给出了新型社区经济发展方面的建议。

本文件适用于指导新型社区经济发展工作。

2. 规范性引用文件

下列文件中的内容通过文中的规范性引用而构成本文件必不可少的条款。其中，注日期的引用文件，仅该日期对应的版本适用于本文件；不注日期的引用文件，其最新版本（包括所有的修改单）适用于本文件。

YHZL LJ 21001-2024 人口信息采集工作规范；

YHZL LJ 25002-2024 基层闲置资产处置与利用规范。

3. 术语和定义

下列术语和定义适用于本文件。

3.1　新型社区

适应城市现代化要求，以地域性为特征、以认同感为纽带构建的社区组织体系，居民素质和整个社区文明程度高，社区内管理有序、服务完善、环境优美、治安良好、生活便利、人际关系和谐。

3.2　社区经济

社区经济作为一种优化的资源配置方式，可将社区内互不相连的各种经济成分变为利益共同体，建立一种新的经济生产方式，从而带动社区乃至更广区域的经济发展。

4. 总体原则

4.1 因地制宜

坚持因地制宜原则，结合区域资源禀赋及发展基础，正确把握区域特色，充分发挥区域优势。

4.2 以人为本

新型社区经济具有便民性、共享性、智能性等诸多特点，服务领域广、市场潜力大，且经营方式相对灵活，能有效灵活吸纳各类就业群体。要统筹推动普通高校毕业生、“三类人才”等各类群体参与发展新型社区经济，打造“家门口”就业新模式。

4.3 创新引领

贯彻新发展理念，创新形式，推动社区经济与社区居家养老、社区儿童教育等产业深度融合，并配套发展相关社区经济、提供青年就业岗位，降低社会运行风险、提高社会运转效能、增进社会邻里和谐。

5. 工作内容

5.1 资产清查

5.1.1 宜建立国有资产归集相关工作机制，按照“清仓见底”原则，对区域范围内各类资产进行清查。

5.1.2 宜完善构建区、街道、社区三级人口资源信息库，人口信息采集工作按 YHZL LJ 21001-2024 人口信息采集工作规范的规定执行。

5.1.3 宜按可为己所用的上级闲置资产、自身优质闲置资产等类别对区域内闲置资产进行分类，可按照 YHZL LJ 25002-2024 基层闲置资产处置与利用规范的规定对闲置资产进行利用与盘活。

5.2 机制建设

5.2.1 宜构建“党委统筹、政府主抓、部门协同”横向工作机制和“区主抓、街负责、社实施”纵向落实机制和专题联席会议制度。

5.2.2 宜选优配强基层社区党组织班子，选派懂经济、敢创新、善治理的人担任社区党组织负责人。

5.2.3　宜建立街道社区发展新型经济遇到的困难问题统一收集、交办、督办工作运行机制。

5.2.4　宜按照《基层群众性自治组织依法自治事项清单、依法协助政府工作事项清单和减负工作事项清单（试行）》要求，严格执行“三项清单”动态管理机制，对社区依法自治事项不违法干预，对协助事项要落实“费随事转”制度、在工作上给予指导、在经费上给予保障，对负面工作事项严禁向下“批发”。

5.2.5　宜强化社工队伍建设，出台相关政策鼓励支持区块治理员及其他人员考取社会工作者等证件，建立健全社区、社会组织、社会工作者、社区志愿者、社区公益慈善资源“五社联动”工作机制，充实国资、物管、数据、社工等专业人员力量。

5.2.6　探索建立发展新型社区经济引导基金等财政支持机制。

5.3　主体培育

5.3.1　社区宜根据辖区内人口规模、小区结构，因地制宜成立社区经济组织或公益发展基金等协作载体。

5.3.2　社区经济收入使用等重点事项应严格执行“四议两公开”程序，社区经济收入主要用于投资社区建设等发展需求，宜建立社区服务性收费收支管理办法。

5.3.3　因需聘请的其他员工，可通过向专业机构、社会组织等购买服务的方式解决。

5.4　平台建设

5.4.1　持续优化千年雨湖智慧平台已有的人口、信息等数据资源以及织密“干群联络网”“政民朋友圈”等运行机制，推动与湖南国家应用数学中心等深度合作，推介“雨·湖蔬鲜”区域公用品牌。

5.4.2　持续优化健全千年雨湖智慧平台经济功能板块，打造社区经济发展赋能平台。

5.5　产业支撑

5.5.1　建设、运营好已投入使用的社区食堂、社区学校，并持续整合社区养老、医养结合等业态，统筹落实全区社区食堂建设的场地选址、减税优惠、房租水电补贴等政策支持。

5.5.2　因地制宜探索实施物业公司管理、大物业管理、业主自治等模式，深化全域物业规范化管理，制定物业公司信用评级标准，组织专题招聘会招纳物业管理专业人才。

5.5.3　建立健全区块治理员、协理员协助违停执法有关机制，落实静态违停执法。

5.5.4　统筹推进停车收费工作，对辖区内停车资源进行全面摸底，由社区经济组织统一投入、运营，充分利用背街小巷、居民小区里符合消防要求的道路、空坪隙地，适当增设停车泊位，明确停车收费范围及标准。

5.6　业态融合

5.6.1　聚焦服务重点群体，秉持“尽力而为、量力而行”原则，整合社会组织、驻街企业等多方力量，围绕社区养老院、社区学校、社区食堂、医养结合、停车管理、生活帮代办、家政服务等多业态，立足实际，凭借现有特色资源，融合发展特色产业，并探索其他会员增值服务、延伸服务。

5.6.2　在常态化开展的各类区块活动中，适时植入相关经济模式，并通过服务收费、增值收费及政府专项补贴等形式补充，在基层善治基础上拓展自身经济功能，实现可持续健康发展。

6. 工作要求

6.1　宜建立街道经济联席会议制度，定期专题研究相关工作，持续加强对社区拓展经济功能的业务指导，规范有序发展新型社区经济。

6.2　宜建立相适应的部门、乡镇（街道）绩效考核机制，确保各项工作举措有序实施、顺利推进、高效完成。

6.3　充分发挥新兴媒体和传统媒体作用，积极宣传国家和省（区、市）推进新型社区经济发展的安排部署，营造良好舆论氛围。可利用专题培训班、业务大讲堂等方式，加大教育培训力度，提高全区党员干部推进新型社区经济发展的能力和水平，及时总结提炼可复制可推广的典型经验。

7. 评估监测

宜探索建立新型社区经济发展评估监测机制，科学建立评估指标体系，明确评价方法、评价程序，定期对新业态发展效果开展评估。

大物业管理改革工作指南

大物业管理改革定义：将无物业管理住宅小区、独栋房屋、公共建筑等进行整合，以经营物业管理项目为主，并将物业服务范围延伸至家政服务、停车场服务、市政设施管理、园林绿化工程施工等领域，对各区块公共空间的管理、公共资源的运营和公共项目的服务进行全要素、全方位、全周期、全流程的治理，形成以政府主导、企业运作、社会广泛参与的多元化协同治理模式。

1. 服务内容

1.1　基础服务

基础物业服务内容包括但不限于：

——环境卫生：维护物业管理区域公共部位、道路和相关场地环境卫生，开展垃圾分类工作；

——绿化养护：日常养护和管理绿化带树木、花、草等；

——公共秩序：开展人员进出、物品出入、巡逻管理、监控管理、停车管理等相关秩序维护；

——公用设施：维护、管理物业管理区域内的公用设施，违法建筑动态巡查；

——房屋装修：对装饰装修活动进行巡查；

——安全防范：预防和处置各类突发事件，防范高空抛物；

——档案管理：建立日常管理档案及共有部分的资料档案。

——便民服务：对居民提供无偿或低偿的便民服务工作。

1.2　增值服务

针对居民个性化需求，有针对性地提供增值服务方案，增值服务包括：

——家政服务：专业保洁、清洗、消毒服务，养老服务、消防技术服务、建筑物清洁服务等；

——代办性服务：代收发快递服务、人力资源服务（不含职业中介活动、劳务派遣服务）；

——中介类服务：家政中介、住房租赁等。

2. 运行管理

2.1　组织架构

2.1.1　党委领导

依托“大党委”制构筑“党建+共建互联”平台，成立大物业管理改革领导小组，由党政主要负责人、驻镇企事业单位主要负责人担任组长，召开专题党委会、工作推进会等及时研究部署，制定改革方案并推动落实。

2.1.2　政府主导

镇政府与驻地企业共同出资成立物业公司，采用市场化运作模式，公司由政府相对控股。

2.1.3　企业参与

物业公司董事会、监事会、总经理、常务副经理和部门负责人由镇政府和驻镇国企人员兼任，减少公司正式行政管理人员，降低运营成本。

2.1.4　社会运营

分设物业管理项目部，区块治理员协助开展本区块物业费收缴、民情民意收集、事件处置反馈等工作，并通过规范物业管理服务行为快速有效解决居民诉求，提升群众满意度。

2.2　机制建设

2.2.1 扁平化治理机制

2.2.1.1 构建党建、综治、自治、物业服务“四网合一”的区块治理体系，根据不同功能定位，按照减少治理层级、提升治理效率、实现便民利民的原则，将原有内设机构整合成综合协调中心、大物业管理服务中心、经济发展中心、民生事务中心4个中心，由乡镇领导班子成员直接担任各中心主要负责人，并将各中心工作效能及干部个人履职情况纳入绩效考核。

2.2.1.2 按照地缘相近、便于治理原则，合理划分区块，实行“1+N+1”区块治理模式（1个治理员+N个协管员+1个监督员）。从机关、村（社区）干部中科学选派治理员；发动离退休党员、楼栋长等担任协理员，协助物业费收取，并做好信息收集、居民联系、政策宣传、服务提供等相关工作；两代表一委员担任监督员，负责监督所在区块公共服务、物业服务等情况落实。

2.2.2 联合会商机制

2.2.2.1 按照YHZL TG 32101党建联盟参与区块治理工作指南的规定引导社会组织共同参与大物业管理工作。

2.2.2.2 成立大物业管理及扁平化治理领导小组，定期召开区域化党建联席会，构建“大事共议、实事共办、要事共决、急事共商、难事共解”机制，合力探讨、协商解决改革中的重难点问题。

2.2.3 联动协调机制

区块治理员协助物业公司开展信息收集、政策宣传、服务提供等相关工作，并及时将收集到的问题反馈给物业公司。区块监督员、业委会成员对物业服务项目、报修投诉处理、环境秩序、设施设备维护等情况进行日常监管。

2.2.4 事件处置机制

建立维修机制和闭环处置机制，形成物业事件上报—研判派单—问题解决—满意度反馈全流程物业事项闭环处置体系。物业公司收集到的业主投诉意见，与政府、社区通过市民热线、来信来访、入户走访、民情恳谈等方式收集掌握的业主诉求和矛盾纠纷进行汇总整理，并分类明确到物业公司、区块和站办所处理，处理结果向业主反馈，做到“小事急事马上办，大事难事协商办”。

2.2.5　协调议事机制

搭建“民间夜话”“民情恳谈会”等议事协商平台，引导居民积极参与小区事务，协调解决矛盾纠纷调处、公共收益管理使用等重大问题，不断提升居民自我管理、自我教育、自我服务水平。

2.2.6　多元共治机制

立足“共商共建共治共享”，在镇党委政府的支持和引导下，进一步发动驻镇企事业单位、机关干部、村（社区）干部和群众等力量参与大物业管理，促进各类资源、力量向全镇所有区块下沉、铺开。同时，由江楠管家牵头，在全镇各区块和一个开放式小区成立业主委员会，让有社会责任感、有服务意识、有能力的企业职工、党员等参与到城镇管理和社会治理。

3. 经济功能拓展

3.1　向上级职能部门申请并争取将原由市、区两级承担的道路、环卫、园林绿化、公共照明、综合行政执法等相关职能委托给管家公司运营。

3.2　提供智能化服务，打造智慧生活公众号（小程序），提供物业缴费、意见反馈、在线点餐、生活购物、外卖配送和工会福利发放使用等便捷服务。

3.3　智能化停车缴费，将镇域闲置土地修建为收费停车场，停车费作为江楠管家公司的收益。

4. 评价与改进

4.1　评价

4.1.1　宜建立物业服务评价与改进机制，每年至少开展1次满意度调查，收集业主对物业服务的评价，并对评价情况进行统计、分析。评价指标包括：

——行政成本率；

——物业收费率；

——物业公司盈利能力；

——物业问题投诉率。

4.2　改进

应根据评价结果，对不合格和潜在不合格服务进行纠正、预防，并对纠正、预防措施的有效性等进行持续跟踪。

民情恳谈会工作规范

民情恳谈会定义：各区块治理员、协理员、监督员等就区块当前和今后的各项工作倾听和征求居民意见、建议，了解和掌握民生需求、呼声，宣传和解释党和政府的方针政策，是居民自治、共谋区块发展的一种会议制度。

1. 基本要求

1.1　不拘形式和地点，可选择在村（社区）会议室、人员密集的小区空坪、村民小组屋场、村（居）民聚集地等地点召开，可采取座谈会、茶话会等方式进行。

1.2　注重实际，不限时间召开，宜安排在相对空闲休息的时间和晚上召开，会议现场应注意把控好氛围节奏，包括会议时长、会场纪律、安全风险、群众思想情绪等。

1.3　会议主题不定内容，可引导群众围绕排危除险、矛盾纠纷、创文创卫、乡村振兴、民生实事、经济发展等主题开展。

1.4　鼓励参会人员畅所欲言，群众发言或所提意见有明显偏颇甚至过激的，应以适当方式解释疏导。

1.5　参会人员不设人数限制，不定发言人选，可根据会议主题需要，适当增减参加人员类别。参会人员包括联点区级领导，区管干部，区块治理员，协理员，监督员，所在区块的“两代表一委员”、党员、村民小组长、群众，“三类人才”等。

2. 工作内容

2.1　宣讲政策

宣讲党的路线方针政策、法律法规、重要会议精神，宣传区委、区人民政府中心工作、重大决策部署和雨湖发展成就（每一阶段明确一个宣传宣讲主题，由区委宣传部提供通稿）。

2.2　释疑解惑

通报各区块正在开展的有关工作情况和将要开展的重要工作及重大活动，讨论区块建设有关工作任务和实施方案。为群众释疑解惑，及时化解群众的疑难困惑，及时引导和纠正群众的错误看法。

2.3　排忧解难

收集区块民情民意和居民期盼、要求、建议，了解村居民所需所盼所忧所急，察民情、排民忧、解民难，密切党群干群关系，架起基层党组织和群众之间沟通的连心桥，进一步转变党员干部作风，理顺群众情绪、密切干群关系，促进区块各项工作落到实处，全面维护社会稳定，促进经济社会发展。

3. 组织程序

3.1　会前

3.1.1　会议公告

以区块为单位，每月至少召开1次，由区块治理员负责召集，应提前一天通过居民微信群、政民朋友圈、公告栏等形式向居民公布具体时间、地点、参与人员，接受群众监督。

3.1.2　会议召集

3.1.2.1　应做好充分准备，即民情摸排到位、预案制定到位、会前预告到位。

3.1.2.2　会前应熟悉了解党的最新理论方针政策、各项工作最新指示批示精神和“民生”工作相关政策规定以及区委、区人民政府近期重点工作安排，恳谈会所在区块的基本情况和社情民意。

3.1.2.3　会议召开前应对区块困难家庭、危重病人家庭、空巢老人及留守儿童家庭、信访户、离任村（社区）主职干部进行走访。

3.2 会中

3.2.1 会议召开时，应安排工作人员记录、整理、归纳与会人员发言，对群众所提意见和建议，实行问题清单制、台账管理制、责任销号制，并填写“民情恳谈会”活动开展记录表。

3.2.2 对群众倾诉的疑惑，应依照政策耐心细致解答；对群众提出的意见建议，要认真倾听、虚心接纳；对群众反映的各种问题，要及时处理：

——符合政策且权限范围内能马上解决的，要及时解决；

——上级有政策但本地实际尚不具备条件的要说明原因，积极创造条件争取尽早解决；

——法律法规政策有明确规定不能解决的，应向群众解释说明。

3.3 会后

3.3.1 区块应定期对民情恳谈会开展情况进行分析总结，并填写民情恳谈会开展情况汇总表。

3.3.2 区快速处置中心负责收集各区块报告的问题清单，进行科学甄别、认真筛选，分门别类建立台账，逐项明确责任部门、责任人，提出处理建议和处理时限，经相关会议或区委领导审定后，分别交办给各责任单位，并督促各责任单位按时办结销号。

3.3.3 未能及时办结的，各单位应向区委相关领导书面说明原因并向当事群众作出解释和答复；对未能及时办结销号，又不能说明原因的责任单位和责任人，要严肃问责。

4. 评价改进

4.1 建立健全民情恳谈会处置评价工作机制，研究制定民情恳谈会处置反馈评价指标体系，量化评价民情恳谈会信息处置效果。评价指标体系内容可包括但不限于事件处置率、按期处置率、一次性处置率、办结率、反馈率、满意率等。

4.2 建立服务评价与改进机制，定期开展服务满意度测评，根据服务满意度测评结果，不断改进提高服务质量。

4.3 健全加分激励机制，对工作成效突出，存在以下情形的，由承办单位提出申请，经民情恳谈会工作领导小组主要领导审批后予以加分：

——主要领导亲自调度事项办理工作，创新完善工作举措；

——典型经验、典型案例被中央、省级、市级主要媒体报道；

——涉及职能交叉、职责盲区等工单，首接单位主动认领并牵头办理。

常态化区块活动组织工作规范：总则

1. 常态化区块活动定义

以区块为单位，群众为活动主体，由政府部门组织实施促进社区居民之间的交流和互动、促进邻里关系更和谐健康发展的群众性活动。

2. 总体原则

2.1 坚持把开展区块活动与移风易俗相结合，与提高群众素质相结合，与弘扬民间民俗文化相结合，以健康文明的活动培育社会新风尚。

2.2 加强宣传引导，拓宽社会组织参与社会治理渠道，提升居民参与区块治理的积极性。

2.3 坚持多样化、多层面的方式，充分动员辖区内力量，提高居民参与互动热情和主动性。

2.4 区块活动应具有持续性和稳定性，建立长效机制，形成区块活动常态化格局。

2.5 区块活动应兼具娱乐性，为社区居民提供放松娱乐的场所，增强居民的幸福感和获得感。

3. 基本要求

3.1 活动的组织和实施应透明公开，包括活动机制、费用支出、安全管理等方面。

3.2 活动组织部门至少应配备 1 名有活动策划和管理经验的工作人

员，确保活动的科学性和合理性。

3.3 活动场地的设置应符合安全要求。活动安保措施应科学、有效，应制定安全应急预案。

3.4 活动形式和内容设置应充分考虑社区区块居民的需求和实际情况。

3.5 活动信息应透明、公开，活动经费使用应合理控制在可承受范围内。

3.6 应建立活动监督管理机制，配备监督管理人员，对活动进行现场监督和管理。

4. 组织程序

4.1 制定活动计划

针对不同类型的活动，活动组织部门需要制定相应的活动计划，包括时间、地点、参与人员、规模、活动主题、活动内容、组织形式等内容，活动计划制定应结合区块实际，充分考虑居民需求和偏好。

4.2 设置活动流程

根据活动计划，确定活动流程，包括活动内容、演出顺序、参与方式、现场布置等，确保活动按照安全、科学、合理的流程进行。

4.3 制定安全管理方案

针对不同的活动类型，活动组织部门需要制定相应的安全管理方案，安全管理方案应当包括场地设置、急救设备、安保措施等内容，具体包括：

活动时间、地点、人数、规模、内容及组织方式；

安全工作人员情况、数量和任务分配、识别标志；

场地建筑和设施的消防、安全情况；

场地人员核定容量；

人员疏散预备措施。

4.4 明确职责分工

活动组织部门应明确参与活动的相关人员的工作职责，包括区块治理员、协理员、监督员、居民代表、志愿者等。

4.5 建立评价改进机制

应建立活动评价与改进工作机制，畅通居民群众意见反馈的渠道，对活动组织的形式、活动实施效果、活动开展过程中存在问题有针对性地制定措施。

5. 活动内容

区块常态化群众文体活动建议清单，见附表 A。

附表 A　区块常态化群众文体活动建议清单

序号	二十四节气名称	结合中国节日	传统民俗活动	民俗相关吃食	建议安排群众性活动（参与性、趣味性、经济性）
1	立春	除夕节前	“躲春”（年岁交替，新的气场可能不利于部分人群，更甚者影响一年孕期，延伸各式各样躲春方式与习俗）、“打春”（泥土做牛，立春日用红绿鞭抽打，以“鞭打春牛”迎立春，祈福五谷丰登）、“咬春”（啖春饼/买萝卜吃，“人咬得草根，则百事可做”）、“迎春”（东郊祭拜青帝，迎接春季到来）、外出踏青/探春、贴春联	春饼、春卷、春盘（盘里主要有果品、蔬菜、糖果、饼等；蔬菜主要有豆芽、萝卜、韭菜、菠菜、生菜、豆子、鸡蛋、土豆丝等）	街道春晚、社区春晚
2	雨水	元宵节前	集体做元宵、占稻色（通过爆炒稻谷米花占卜稻谷收成，稻谷米花越多，成色越好，年稻收成越好）	马头兰、香椿、春笋、韭菜	猜灯谜活动、吃元宵
3	惊蛰	学雷锋纪念日、妇女节前	祭白虎（传说白虎是口舌、是非之神，将猪血喂给用纸绘制的白老虎，用猪肉涂抹其嘴，使其吃饱不能张口说人是非）、蒙鼓皮（古人想象雷声是由雷神持锤击打天鼓，发出隆隆的雷声。为顺应天时，跟上天庭的节奏，人间也在这个时节来蒙鼓皮）、打小人（人们手持清香、艾草，熏香驱赶蛇、虫、蚊、鼠和霉味，后演变成拍打纸人，以驱赶身边的小人瘟神，赶走霉运）	梨子、炒豆、醪糟	志愿服务活动（理发、义诊）、广场舞活动

续表

序号	二十四节气名称	结合中国节日	传统民俗活动	民俗相关吃食	建议安排群众性活动（参与性、趣味性、经济性）
4	春分	植树节后	种植苗木、送春牛（民间擅长唱歌的人，挨家挨户送春牛图，并说一些春耕和农时相关的吉祥话，说得主人家高兴给赏钱）、立蛋（将新鲜鸡蛋在桌子上竖起来的游戏，俗话说“春分到，蛋儿俏”）、粘雀嘴（把不包馅的汤圆煮熟，用细竹叉好放在田边地坎，想用汤圆粘住麻雀的嘴，以免其破坏庄稼）、放风筝（踏青出行放风筝，大人小孩一起放风筝祈福）	春菜、春卷、太阳糕	种植花卉苗木、共建共享花园；放风筝活动
5	清明	/	祭祀扫墓、植树、踏青、荡秋千、清明插柳、吃青团	青团、艾糍、暖菇包、馓子	棋牌活动、采摘茶叶
6	谷雨	/	走谷雨（青年妇女走村串亲/野外走一圈，寓意与自然相融合，强身健体）、祭仓颉（仓颉造字，黄帝以“天降谷子雨”作为其造字酬劳，后逢谷雨人们会去庙会纪念仓颉）、赏牡丹（牡丹又名谷雨花、富贵花）、禁杀五毒（农家边进田灭虫，边张贴谷雨贴进行祛凶纳吉祈祷）、制作竹编、祭海（海水回暖，百鱼行至浅海地带，是下海捕鱼的好日子，渔民举行海祭，祈求海神保佑）	谷雨茶、香椿	书法楹联活动
7	立夏	劳动节后、青年节后	迎夏（在古代，农耕社会时期非常重视“立夏”节气。立夏这天，君臣都要穿一身朱色的礼服。并配上同色的玉佩、马匹、车旗到南郊举办迎夏仪式，表达对丰收的祈求和期望）、称人（人们在村口或台门里挂起一杆大木秤。秤钩悬一条凳子，大家轮流坐到凳子上面秤人。司秤人一面打秤花，一面讲着吉利话）、斗蛋（“立夏蛋，满街甩”，斗蛋是孩子们的游戏。关于斗蛋，民间说法是：“立夏胸挂蛋，小人疰夏难”）、尝新（在江浙一带有“立夏尝新”的风俗。苏州地方有“立夏见三新”的谚语“三新”指新熟的樱桃、青梅和麦子）	乌米饭、立夏饭、立夏蛋、尝三鲜	全民健身活动（马拉松、沿江步行）

续表

序号	二十四节气名称	结合中国节日	传统民俗活动	民俗相关吃食	建议安排群众性活动（参与性、趣味性、经济性）
8	小满	/	察车神（进入雨季，江河至此小得盈满。“小满动三车”，指的是水车、油车和丝车。农田要充裕的水分，农民忙着踏水车翻水。旧时水车排灌为大事，于小满时节启动。）、祈蚕节（小满为蚕神诞辰）、食野菜（春风吹，苦菜长，旧时有吃野菜、苦菜的习俗，可以清热去火）	苦菜、见三鲜（黄瓜、蒜薹、樱桃）、麦糕饼、枇杷	电影配音活动，群众自行配音，号召群众走入电影院，或点映电影播放
9	芒种	端午节前、儿童节后	煮梅（每年五、六月是梅子成熟的季节）、吃君踏菜（南方地区芒种节气前后的季节性蔬菜）、开犁节（浙江一些地区有“开犁节”，在芒种当天举办）、送花神（芒种已近五月间，百花开始凋零。在芒种日举行祭祀花神仪式前送花神归位，同时表达对花神的感激之情，盼望来年再次相会）、打泥巴仗（新婚夫妇由要好的男女青年陪同，边插秧边打闹，互扔泥巴。活动结束，检查战果，身上泥巴最多的，就是最受欢迎的人）	青梅、君踏菜	包粽子、儿童读物、玩具置换活动、儿童趣味活动（滚铁环、丢沙包、弹珠、摔画片）、到农村打泥巴仗
10	夏至	建党节前	祭神祀祖（夏至是“四时八节”之一，民间自古以来有在此时庆祝丰收、祭祀祖先之俗，以祈求消灾年丰）、消夏避伏（夏至日，妇女们互相赠送折扇、脂粉等物，散体热所生浊气，防生痱子）、吃面（一些地方有“冬至饺子夏至面”的说法，夏至吃面也有尝新的意思）、夏至节（回家与亲人团聚畅饮，以避夏日酷暑）	粽子、面、荔枝	红歌传唱活动

续表

序号	二十四节气名称	结合中国节日	传统民俗活动	民俗相关吃食	建议安排群众性活动(参与性、趣味性、经济性)
11	小暑	/	食新(将新打的米、麦等磨成粉,制成各种面饼、面条,邻居乡亲分享来吃,表达对丰收的祈愿,同时也用来祭祀祖先,祈求保佑风调雨顺)、吃饺子、晒书曝衣、吃炒面、百索子撂上屋、斗画眉和韩菜莉、南方吃藕、食“三宝”(黄、莲藕、豆芽)	新米、藕、伏面	民情小结及调整恳谈会
12	大暑	建军节前	赏荷花、晒伏姜、喝伏茶、斗蟋蟀、吃仙草(药食两用植物)、吃凤梨、吃荔枝、送大暑船、喝莲子汤	茯茶、仙草、凤梨、荔枝、莲子汤	军事运动活动(扛沙袋、掰手腕、俯卧撑、拔河)
13	立秋	七夕节前	祭土地神、秋忙会(为秋忙举行的贸易大会)、啃秋瓜(入秋的这天吃西瓜,以防秋燥,也有迎接秋天到来之意)、贴秋膘(立秋以悬秤称人,将体重与立夏时对比来检验肥瘦,体重减轻叫“苦夏”,瘦了需吃点好的来补充营养)、晒秋(利用房前屋后及自家窗台屋顶架晒、挂晒农作物)	秋瓜、吃渣(豆末和青菜做成的小豆腐)	相亲活动
14	处暑	中元节后	祭祖迎秋(处暑前后民间庆祝“七月半”的民俗活动,俗称作“七月半”或“中元节”。这是民间初秋庆贺丰收、酬谢大地的节日,有若干农作物成熟,民间按例要祀祖,用新稻米等祭供,向祖先报告秋成)、吃鸭子、放河灯、拜土地爷、泼水狂欢、饮苦茶	鸭子、苦茶、龙眼、稀饭	社区乒乓球、羽毛球比赛、雨湖泼水节

续表

序号	二十四节气名称	结合中国节日	传统民俗活动	民俗相关吃食	建议安排群众性活动(参与性、趣味性、经济性)
15	白露	教师节前	祭禹王(渔民为表虔诚,将秋季捕获的第一条鱼献给禹王,以求风平浪静和拥有个好收成)、秋社(秋社和春社都是古代祭祀土地神的“社日”,秋社是一种欢庆丰收、祭祀神灵的喜庆活动)、收清露、推燕车(孩子们推着燕车跑步御寒,可增强体质)	白露茶、番薯、米酒、十样白、龙眼	读书分享活动、书籍捐赠活动
16	秋分	农民丰收节、中秋节后、国庆节前	吃秋菜、竖蛋(游戏)、祭秋月、送秋牛、粘燕子嘴、量身高	秋葵、石榴、螃蟹	摸鱼活动、钓鱼活动、吃月饼
17	寒露	重阳节前	赏红叶、秋钓、插茱萸、采摘茶籽、制腌鱼	螃蟹、秋茶、菊花酒、芝麻	赏菊、登山、雨湖蔬鲜采摘
18	霜降	国家扶贫日后	送芋鬼(驱凶习俗)、斗牛、摞桑叶、登山、赏菊、烧寒衣服(烧纸祭祀)	柿子、牛肉、鸭子、羊肉、白萝卜	爱心衣物捐赠、关爱弱势群体活动
19	立冬	/	冬泳、扫疥(用各种香草菊花、金银花煎汤沐浴的活动,称为“扫”,以求治愈疾病,保证身体健康过冬)、祭祀、暖炉(炉中烤大块的肉,围着火炉,边饮边吃,称之为“暖炉”)	补冬(杀鸡宰羊等进补)、饺子、黄酒、生葱	剪纸活动、闲置家用品交换活动

续表

序号	二十四节气名称	结合中国节日	传统民俗活动	民俗相关吃食	建议安排群众性活动(参与性、趣味性、经济性)
20	小雪	/	腌菜、晒鱼干、杀年猪/喝刨汤、酿酒	糍粑、黑米、羊肉、刨汤	智能手机使用推广活动(电商购物、电子棋牌、便民政务、反电诈宣传)
21	大雪	/	藏冰、腌肉、吃饴糖	大雪吃三暖(萝卜、羊肉、豆腐)	民情总结恳谈会(酝酿来年共办实事)
22	冬至	毛泽东诞辰纪念日前	祭祖、赠鞋袜、酿米酒、吃羊肉、吃饺子、吃汤圆	水饺、羊肉汤、汤圆、红豆糯米饭、烧腊、米酒、番薯汤果	吃寿面、包饺子
23	小寒	元旦节后	探梅、冰戏、吃糯米饭、吃冻梨	冻梨、羊肉火锅、糯米饭	百家团圆宴活动
24	大寒	小年前	踏雪寻梅、除尘(大扫除)、备年货、尾牙祭(美食一顿为"打牙祭")、蒸煮糯米饭	八宝饭、年糕、鸡汤、八宝粥、糯米饭	民情收集共商共办恳谈会(大家来找碴活动)
	备选				家务活动(织围巾、绣手帕)

常态化区块活动组织工作规范：楼栋全家福

1. 范围

本文件规定了“楼栋全家福”拍摄活动组织规范的总体原则、活动要求、组织分工、组织程序和成果宣传。

本文件适用于雨湖区“楼栋全家福”拍摄活动组织。

2. 规范性引用文件

本文件没有规范性引用文件。

3. 术语和定义

下列术语和定义适用于本文件。

4. 总体原则

增进邻里之情、织密邻里关系网，打造熟人社会、打通基层治理渠道，充分调动全民参与区块建设，打造共商共建共治共享的和美区块。

5. 活动要求

5.1 以片区、楼栋或单元为单位，人数在 50 至 100 人左右为宜，每户至少选派一个代表，参与人数不设上限。

5.2 应充分发挥“三类人才库”作用，邀请摄影相关专业人士进行拍摄。

5.3 拍摄活动应凸显活动主题，营造团圆、和谐的邻里氛围，宜选择“端午节”“中秋节”“春节”等国家法定节假日前后组织开展，选择上午和傍晚（夏季）时段进行，拍摄活动控制在30分钟内。

5.4 拍摄地点应就近取景，应选择小区具有代表性标志或环境优美之处进行拍摄，如小区门口、楼栋单元门口等。

5.5 应配备拍摄活动必备的物资，包括用于拍摄的座椅、脚踏板凳、装饰道具等。

5.6 应提前查看天气预报，掌握拍摄活动当天天气情况，应选择在光线充足、晴朗的环境进行拍摄。

5.7 应制定活动安全及应急保障措施，配备专业医护人员和急救物资、药品等。

6. 组织分工

6.1 以区块治理员为组织者，负责活动的策划与具体实施。组长、邻长为协助者，负责沟通协调、收集反馈意见建议、上户走访、广泛发动身边友邻积极参与活动。物业、业委会和医护人员为辅助者，主要负责场地准备和医疗保障，防止突发情况。

6.2 片长（治理员）：负责整个活动的策划方案与全过程的具体实施、及时与组长对接沟通。

6.3 组长：协助片长（治理员）研讨方案、物色场地和联系负责人，负责通知邻长活动情况，与邻长确定拍摄时间、地点、人数。

6.4 邻长（协理员）：配合片长、组长、上户走访宣传发动，收集居民意见建议及人数，负责通知参与拍摄的居民，告知具体时间、地点、注意事项等、建议着鲜艳颜色的服装。

6.5 物业、业委会或志愿者：负责活动场地卫生维护，座椅、板凳道具的摆放和准备。

6.6 三类人才：利用自身优势提供专业技术支撑。

6.7 医护人员：负责拍摄活动过程中的应急保障。

7. 组织程序

7.1 活动准备

应充分了解居民活动意向，区块治理员拟定活动主题、开展时间、参与范围、场地准备、人员分工、参考天气因素后，制定拍摄活动方案或通知，并将活动通知或方案发布至居民服务沟通群、楼栋公示栏、业主群内进行广泛宣传动员。

7.2 活动实施

邻长（协理员）提前二十分钟将居民有序引导至拍摄地点，片长（治理员）、邻长（协理员）将拍摄道具配合摄影师摆放至合适位置并做好拍摄取景准备。医护人员携带必要的应急药品在场伴随保障，物业、业委会工作人员再次对场地设施进行安全检查。

7.3 活动延伸

社区可借助“楼栋全家福”拍摄活动人员聚集契机，开展民情恳谈会、居民议事会、围炉夜话、茶话会、露营晚会、篝火晚会等居民活动。也可结合当前重点中心工作，开展需要广大居民配合参与的社会活动部署会、片区工作总结会等。

8. 成果宣传

8.1 活动结束后，应及时撰写相关新闻信息报道，可通过互联网、微信公众号等途径进行宣传推广。

8.2 活动照片可在小区、楼栋、公示栏、居民议事厅、多功能活动室等公共场地轮流播放，巩固活动效应。

常态化区块活动组织工作规范：小区百家宴

1. 范围

本文件规定了“小区百家宴”活动组织工作规范的基本要求、活动内容、职责分工、组织程序和评价改进。

本文件适用于雨湖区“小区百家宴”活动组织管理。

2. 规范性引用文件

本文件没有规范性引用文件。

3. 术语和定义

下列术语和定义适用于本文件。

3.1 “小区百家宴”

以小区、楼栋为单位，以集中展示、集中品鉴菜肴的形式，组织居民自发烹制拿手菜肴、共品美食美味，让居民走出小家、融入大家，让陌邻变睦邻，积极打造自治共治的“熟人社会”，是融洽邻里关系、促进社会和谐的一种有效平台。

4. 基本要求

4.1 “小区百家宴”活动场所应选择在人员密集的小区空坪、村民小组屋场、村（居）民聚集点、大型食堂等地点开展。

4.2 活动时间宜安排在相对空闲休息的时间和晚上开展，活动现场应注意把控好氛围节奏，包括活动时长、环节内容、安全风险、群众情绪、现场秩序、天气环境、应急预案等。

4.3　活动旨在突出趣味性、参与性，鼓励小区居民通过分工合作等形式，自发烹制拿手菜肴，共同进行品尝点评，传授家庭菜肴的制作妙招，亦可增加互动游戏、文艺表演、拍摄全家福等内容。

4.4　参与活动人数原则上不设限制，但应确保总体可控，避免因人员聚集过多引发安全事故。

4.5　应建立健全突发事件应急处置机制，配备现场秩序维护和安保人员。

4.6　应建立卫生管理制度，提供具有垃圾分类标准的垃圾桶（箱）等环卫设施设备，配备卫生保洁人员负责活动场所保洁工作。

4.7　百家宴菜品应符合国家食品安全的相关规范。

5. 活动内容

5.1　百家会餐

组织开展美食烹饪活动，让小区居民与邻里共同分享自己的拿手菜，邀请美食专家或参与群众进行现场点评、投票，选出小区“厨王”、楼栋“厨王”等，现场传授交流家庭菜肴的制作方法。

5.2　百家联欢

号召小区居民踊跃展示才艺特长，编排丰富多彩、喜闻乐见的文艺节目，鼓励通过邻里合作的方式共同表演，也可邀请其他亲朋好友一起参与。

5.3　百家合影

以楼栋为单位，组织小区居民拍摄全家福，每户家庭至少派一名代表参与拍摄。

6. 组织程序

6.1　活动前

6.1.1　活动公告

通过居民微信群、政民朋友圈、公告栏、云广播等形式向居民发送“小区百家宴”活动公告，活动公告应包括但不限于以下信息：

1——活动场地；

2——活动时间；

3——活动内容；

4——参与对象；

5——活动要求；

6——注意事项等。

6.1.2　前期筹备

活动开展前，应组织召开筹备会议，共同商讨明确以下事宜：

7——对小区居民进行上门走访，发动各家烹制菜品、编排节目，进行汇总整理，形成菜单和节目单；

8——考虑天气、安全、环境、人员等因素影响，制定应急预案；

9——布置会场、采购物资；

10——招募活动志愿者，明确人员分工；

11——提前发布活动预告和宣传海报，营造浓厚氛围。

6.2　活动中

6.2.1　用餐前，菜品应使用保鲜袋或保鲜膜封装，上菜品时，应佩戴手套、口罩，确保食品安全卫生。

6.2.2　应做好现场秩序维护、人员引导、菜品摆放等工作，确保活动各个环节衔接有序、顺利进行。

6.2.3　应保持紧急疏散通道、安全出口通畅，如遇突发状况，立即启动应急预案。

6.3　活动后

6.3.1　活动结束后，现场秩序维护人员应组织人员有序撤离。卫生保洁人员负责对活动现场进行清理、清洁。

6.3.2　活动组织部门对活动开展情况进行总结记录，填写《“小区百家宴”活动开展记录表》（见附表A），并对相关活动资料进行整理归档。

6.3.3　活动组织部门可结合实际工作需要，通过宣传栏、LED显示屏、报纸、微信公众号、微信工作群等载体对活动开展情况进行宣传报道，扩大社会影响力。

7. 评价与改进

7.1　建立服务评价与改进机制，定期对居民进行回访和活动满意度测评，根据测评结果不断改进提高活动质量和成效。

7.2　建立问题分析研判处置机制，对活动中收集到的意见建议、反映的问题进行整理汇总，制定整改措施，不断改进。

7.3　建立人才储备机制，通过开展活动，从居民群众中挖掘一批经济发展能人、德高望重贤人、献计献策高人，引导其积极参与社区工作，不断壮大基层治理力量。

附表 A “小区百家宴”活动开展记录表

<table>
<tr><td>区块编号</td><td colspan="2"></td><td colspan="2">治理员（召集人）</td><td></td></tr>
<tr><td>开展时间</td><td></td><td>开展地点</td><td></td><td>参与部门</td><td></td></tr>
<tr><td>活动照片</td><td colspan="5"></td></tr>
<tr><td>活动详情</td><td colspan="5"></td></tr>
<tr><td>活动小结</td><td colspan="5"></td></tr>
<tr><td>参与对象
（人数、户数等）</td><td colspan="5"></td></tr>
<tr><td>备　注</td><td colspan="5"></td></tr>
</table>

常态化区块活动组织工作规范：全民运动会

1. 范围

本文件规定了“全民运动会”活动组织工作规范的基本要求、活动内容、职责分工、组织程序和评价改进。

本文件适用于雨湖区“全民运动会”活动组织。

2. 规范性引用文件

本文件没有规范性引用文件。

3. 术语和定义

下列术语和定义适用于本文件。

3.1“全民运动会”

以区块、社区为单位，由治理员作为领队，发动区块协理员、驻街单位、市区联点单位、居民群众组建队伍参与的全民健身赛事活动，旨在促进全民运动日常化、生活化的同时，增加邻里关系，盘活各类资源，让广大居民群众在雨湖感受运动幸福。

4. 基本要求

4.1 应充分利用辖区学校操场、社区广场等健身场地。

4.2 运动项目设置应多元化，考虑区块不同群体、不同年龄群众的健身需求。

4.3 应充分借助辖区内资源，配备专业运动教练，了解各项项目赛程。

4.4 应建立健全突发事件应急处置机制，配备现场秩序维护和安保人员。

4.5 应建立卫生管理制度，配备卫生保洁人员负责活动场所保洁工作。

4.6 充分调动驻街企业资源，对活动组织给予支持。

5. 组织程序

5.1 活动前

5.1.1 活动公告

通过居民微信群、政民朋友圈、公告栏、云广播等形式向居民发送“全民运动会”活动公告，活动公告应包括但不限于以下信息：

——活动场地；

——活动时间；

——活动内容；

——参与对象；

——活动要求；

——注意事项等。

5.1.2 前期筹备

活动开展前，应组织召开筹备会议，共同商讨明确以下事宜：

——宣传发动，由区块治理员、协理员对小区居民进行上门走访，发动居民报名参与；

——组织报名，由各社区汇总报名表（见附表A），提交到街道统一汇总；

——考虑天气、安全、环境、人员等因素影响，制定应急预案，并配齐医疗保障人员；

——布置会场、采购物资；

——招募活动志愿者，明确人员职责分工；

——向上级相关部门报备，提前发布活动预告和宣传海报，营造浓厚氛围。

5.2 活动中

5.2.1 应做好现场秩序维护、人员引导、项目赛程等工作，确保活动各个项目衔接有序、顺利进行。

5.2.2 应保持紧急疏散通道、安全出口通畅，如遇突发状况，立即启动应急预案。

5.3.3 应做好比赛项目成绩数据统计。

5.3 活动后

活动结束后，应及时撰写相关新闻信息报道，可通过互联网、微信公众号等途径进行宣传推广，在全区掀起举办、参与全民运动会热潮。

6. 评价与改进

6.1 建立服务评价与改进机制，定期对居民进行回访和活动满意度测评，根据测评结果不断改进提高活动质量和成效。

6.2 建立问题分析研判处置机制，对活动中收集到的意见建议、反映的问题进行整理汇总，制定整改措施，不断改进。

6.3 建立人才储备机制，通过开展活动，从居民群众中挖掘一批经济发展能人、德高望重贤人、献计献策高人，引导其积极参与社区工作，壮大基层治理力量。

附表 A　“全民运动会”活动报名表

乡镇（街道）		区块号		治理员（领队）	
活动时间		活动地点		参与人数	
参赛人员姓名	性别	身份证号码	联系电话	参赛项目	备注

街社一体综合性养老服务中心建设与运营规范

1. 服务场所

1.1　环境

1.1.1　建筑设计及室内环境应符合《老年人照料设施建筑设计标准》（JGJ 450）的要求。

1.1.2　公共区域标识应符合《养老服务常用图形符号及标志》（MZ/T 131）的要求。

1.2　设施设备

1.2.1　公共设施应与服务功能相匹配，无障碍设施应符合《无障碍设计规范》（GB 50763）的要求。

1.2.2　消防设施配置应符合《建筑设计防火规范》（GB 50016）、《火灾自动报警系统设计规范》（GB 50116）、《建筑灭火器配置设计规范》（GB 50140）的要求。

1.2.3　供电、给排水、采暖通风、通讯等基础设施配置应符合《老年人照料设施建筑设计标准》（JGJ 450）的要求。

1.2.4　应配置高清视频监控设备，监控范围应覆盖公共区域，并有醒目标识。

1.2.5　休息区、公共卫生间、公共淋浴间应设紧急呼叫装置。

1.2.6　应配置可联动所在地区智慧养老平台的管理系统，至少提供紧急呼叫救援、安全防护、资源管理调度等功能。

1.3　面积

每个街道应设置服务中心不少于 1 处，每处建筑面积不宜少于 1000 m^2。

1.4　用房设置

1.4.1　基本要求

1.4.1.1　应根据老年人的使用特点和各项设施的功能要求进行合理布局和综合设置。具体可分为生活用房、医疗保健用房、公共活动用房、服务用房。

1.4.1.2　每类用房的具体设置应符合《老年人照料设施建筑设计标准》（JGJ 450）的规定。

1.4.2　生活用房

1.4.2.1　生活用房主要包括老年人休息室、公共卫生间、公共淋浴间、公共餐厅、理发室。

1.4.2.2　老年人休息室应选择相对安静的区域，分区配置全托床位、日间照料床位。其中，护理型养老床位不宜少于 15 张；辖区常住人口 3 万人以上的城市街道，护理型床位不宜少于 20 张。

1.4.2.3　公共卫生间应与老年人经常使用的公共活动用房同层，宜邻近设置，光线明亮，具备通风换气条件。公用卫生间应设无障碍厕位，便器旁应安装扶手。

1.4.2.4　公共助浴间应配置沐浴器、恒温设备和沐浴椅（凳）、防滑垫、排气扇等。

1.4.2.5　公共餐厅应配置适合行动不便（坐轮椅）老人的桌椅，并留有分餐、助餐空间。采用柜台式售饭方式的，应设置低位服务窗口。

1.4.3　医疗保健用房

1.4.3.1　医疗保健用房主要包括医务室、护理站、康复室（供运动疗法使用）、心理疏导室。

1.4.3.2　宜设置医务室、护理站等医疗机构，或与其他基层卫生医疗机构签订医疗合作协议。

1.4.3.3　康复室应配备适合老年人的运动康复器械和作业康复器械。

1.4.3.4　心理疏导室应配置良好的隔间设施、暖色桌椅、沙发以及心理沙盘、心理宣泄工具。

1.4.4　公共活动用房

1.4.4.1　公共活动用房主要包括多功能活动室、棋牌室、阅览室、书画室，在满足使用功能和相互不干扰前提下，可合并设置。

1.4.4.2　宜设置在建筑物首层，有良好的自然采光与通风条件。

1.4.4.3　多功能活动室应合理配备音响、影视器材等用品。

1.4.4.4　棋牌室应配备桌椅、棋牌等用品。

1.4.4.5　阅览室应配备书架、阅览桌、座椅，有一定数量的藏书和报刊，有条件的宜配备开通网络功能的电脑。

1.4.4.6　书画室应提供书法、绘画所需的书案、字帖等用品。

1.4.5　服务用房

1.4.5.1　服务用房主要包括值班室、厨房（备餐间）、职工用房、洗衣房、污物间、清扫间。

1.4.5.2　值班室可与咨询接待、入住登记合并使用，位置应明显易找并设置醒目标识。

1.4.5.3　厨房（配餐间）应配备基本炊具及餐具，必要的卫生防疫和消防防火装置。利用就近餐饮服务资源开展配餐、送餐服务的，可不设置厨房。

1.4.5.4　职工用房宜包括职工休息室、卫生间、沐浴间、夜间值班室。

1.4.5.5　洗衣房应配置洗涤设备和烘干设备。由社会配套提供洗衣服务的，可不设置洗衣房。

1.4.5.6　污物间、清扫间应与生活用房等保持相对距离，清洁工具与污物箱应分类摆放，避免污染。

2. 服务机构及人员

2.1　机构要求

2.1.1　由依法登记注册并具有两年以上养老机构或连锁居家社区养老服务运营经验的企业或民办非企业单位运营，且未纳入社会失信名单、未发生重大安全事故或群体信访事件。

2.1.2　设置医疗卫生机构的，应取得医疗机构执业许可证。

2.1.3　配备满足服务和运营需要的服务和管理人员。

2.1.4　如与街道办事处签订合作服务协议，应明确权责义务，首次协议期宜为3年。

2.2　人员要求

2.2.1　医生、护士、康复治疗师、养老护理员、社会工作者等团队人员应符合行业要求并具备相关资质。工勤人员应持有所从事工种的国家职业资格证书。一线员工及餐饮人员应持有健康证。

2.2.2　与床位配套的照护服务从业人员应接受专项培训，经考试合格后上岗。培训内容包括但不限于：

老年服务职业道德与法律法规；

老年人常见病护理要点；

老年人生理及心理特点；

具体服务知识与技能；

常见服务风险与应急处理。

2.2.3　应掌握与老年人沟通技巧，热情周到、耐心细致、认真负责。

3. 服务内容

3.1　专业照护

专业照护服务包括但不限于以下内容：

日间照料服务：为社区内有需求的老年人提供日间托养，有条件可开展接送等附加服务；

全托服务：为老年人提供集中居住和照料护理服务；

上门照料服务：为有特殊服务需求的老年人提供上门照料服务，包括协助进食、协助排泄及如厕、协助移动、更换衣物、卧位护理，以及洗发、梳头、口腔清洁、洗脸、剃胡须、修剪指甲、洗手洗脚、沐浴等内容。

3.2　医疗护理

医疗护理服务包括但不限于以下内容：

健康管理：为老年人提供生活方式和健康状况评估、中医体质辨识、体格检查、辅助检查和健康指导等服务；

家庭护理（含家庭照护床位）：根据需要提供换药、理疗、刮痧等上门医疗服务。

3.3　康复保健

康复保健服务包括但不限于以下内容：

辅具适配与指导：配备适合老年人需要的基本健身器具和康复辅助器具，并指导老年人使用；

康复训练：对失智老年人进行非药物干预益智康复训练；

辅具租赁：提供卧床、助行等康复辅具租赁服务，可根据老年人需求灵活采用日租、月租、年租等方式；

康复咨询：为老年人及其家属提供康复咨询服务。

3.4　膳食供应

膳食供应服务包括但不限于以下内容：

集中供餐：在公共餐厅为老年人提供符合其身体特点、荤素搭配、营养丰富、合理均衡的餐食；

上门送餐：使用符合保温、保鲜要求的设备及运输工具，安排专人及时将餐食送至老年人居住处。

3.5　精神文化

精神文化服务包括但不限于以下内容：

心理慰藉：为无子女、认知和情感障碍等需要关心的老年人提供沟通、情绪疏导、心理咨询、危机干预等服务；

文体娱乐：开展各种有益于老年人身心健康的文化娱乐活动，内容包括书法、绘画、棋牌、唱歌、戏曲、趣味活动、益智游戏以及健身运动等。

3.6　教育咨询

教育咨询服务包括但不限于以下内容：

教育咨询：通过老年课堂、专家讲座等形式，提供保健养生、常见疾病预防、安全教育、智能设备使用等教育服务；

养老顾问：为老年人提供养老服务资源介绍、老年人福利政策指导等现场政策咨询和资源供需对接服务；

法律咨询：对老年人的法律咨询服务宜转介有法律从业资质的律师或律师事务所提供。

3.7　委托代办

委托代办服务包括但不限于以下内容：

代读、代写书信；

代挂号、代买药；

代领物品：为老年人代领物品、相关证件及资料等，应准确记录物品种类、数量，并核实、签字；

代缴费用：为老年人代缴水电费、燃气费、医保费等，应当面清点钱物，并核实、签字。

3.8　居家安全

居家安全服务包括但不限于以下内容：

呼叫服务：整合联系社会专业服务机构、服务资源和社区志愿者，响应老年人通过互联网、物联网等网络手段或电话、可视网络等电子设备终端提出的养老服务需求，为居家老年人提供专业化养老服务；

安全防护服务：依托智慧养老平台及物联网等技术设备，为居家老年人提供电子围栏、烟雾报警、跌倒报警等安全技防服务；

适老化改造服务：为老年人家庭实施居室适老化改造。

3.9　家庭支持

家庭支持服务包括但不限于以下内容：

照护者技能培训：对失能失智老年人的家庭照料者开展照料技能培训服务；

短期照料“喘息服务”：通过政府购买服务、个人付费等方式，组织专业人员，到老年人家中或将老年人接到服务中心进行短期照护，减轻老年人家庭成员的长期照护负担和精神压力。

4. 运营保障

4.1　运营要求

4.1.1　应建立完善的机构管理制度，包括但不限于：财务制度、人力资源管理制度、服务制度、行政管理制度、档案管理制度。

4.1.2　档案应包括机构档案和服务档案。机构档案包括运营过程中的各类纸质、电子资料；服务档案包括服务对象信息、服务协议、服务内容、服务计划、服务记录等。

4.1.3　应在显著位置公示机构资质、服务项目、收费标准、规章制度、工作流程、服务承诺、投诉方式等信息。内容应真实、准确、完整，及时更新。

4.2　安全管理

4.2.1　应符合《养老机构服务安全基本规范》（GB 38600）的要求。

4.2.2　应建立机构安全管理规范及自查制度，每年由第三方出具安全检测报告或者安全评估报告。

4.2.3　应制定养老服务意外事件处置应急预案，涵盖机构内服务及上门服务。至少每半年开展1次培训和演练。

4.2.4　应制定服务对象隐私保护措施。内容包括但不限于：肖像保护、个人信息、家庭信息、服务信息。

5. 服务质量评价

5.1　可选用以下一种或者几种评价方式：机构自我评价、服务对象评价、街道办事处评价、区级以上业务主管部门评价、具有资质的第三方企业或社会组织评价。

5.2　评价指标包含服务量、服务对象满意度、服务项目完成度、服务准时率、有效投诉结案率。

5.3　服务质量评价否决项包含但不限于以下内容：

虐老；

违法违规销售保健食品情形；

违法违规开展金融交易、非法集资；

提供虚假信息、瞒报领取补贴。

社区（老年）食堂建设与运营规范

1. 社区食堂建设标准

1.1　社区食堂建设标准。由村（社区）提出申请，报乡镇人民政府（街道办事处）审核、区民政局审批，区民政局每年根据计划安排下达建设任务。优先利用村（社区）闲置活动场所、邻里互助点、日间照料中心等进行建设，统一悬挂“雨湖区 XX 村（社区）食堂”样式的门牌标识，面积在 50 平方米以上，设置厨房、餐厅、储藏室以及配餐点等场所，有条件的可设置室外活动场地。

1.2　社会化餐饮助餐服务点建设标准。由有资质的社会餐饮服务企业、社会组织向乡镇人民政府（街道办事处）提出，由乡镇（街道）审核后，报区民政局进行审批。统一悬挂“雨湖区 XX 村（社区）食堂”样式的门牌标识，面积在 50 平方米以上，设置厨房、餐厅、储藏室、便民服务处以及配餐点等场所。

2. 社区食堂服务管理规范

2.1　基本要求

2.1.1　具有合法的专业资质

2.1.1.1　拥有独立的经营权。具有有效地加载统一社会信用代码的营业执照、食品经营许可证。上述证件均需到民政或老龄部门提供复印件备案。

2.1.1.2　经市场监督管理部门认定的食品安全量化等级 B★★级

以上。

2.1.1.3　有内部食品安全和安全生产管理制度及应急预案并定期演练。

2.1.1.4 三年内未发生过食品安全与安全生产事故。

2.2　建筑与设备设施基本条件

2.2.1　厨房面积与餐厅面积相适应，建筑布局实用合理，设备设施安全、卫生、方便且性能先进，完好率保持100%，装饰、陈设美观大方。

2.2.2　无障碍设施连续可用，包括养老助餐温馨提示牌标识、无障碍慢坡通道、防滑脚垫、座厕拉杆、楼梯扶手设备等。

2.2.3　有符合仓储条件的原材料库房。

2.2.4　餐厅和厨房之间有隔味的设施。

2.2.5　有适宜的空调或供暖等温度调节设施。

2.3　环境保护和安全卫生条件

符合现行的消防、卫生、安全法规和标准要求配备设备设施和各种应急预案；符合《食品卫生监督量化分级管理指南》规定的B★★级以上水平。

2.3.1　餐厅设备设施基本条件

2.3.1.1　接待能力不少于20人同时就餐。

2.3.1.2　人均餐位面积不小于1.5平方米。

2.3.1.3　有配套的供老年人及特殊人群使用的桌椅、用具等。

2.3.1.4　有健全的老年餐供餐食品安全与安全生产管理制度和检查记录制度及奖惩制度。

2.4　老年餐服务标准

2.4.1　供应形式方便快捷，符合食品安全要求。

2.4.2　供应品种特色突出，提供适宜针对老年人营养健康、传统风味的优惠菜品。

2.4.3　品种口味纯正有特点，满足老年人软、烂、嫩、清淡、温度等要求。

2.4.4　有适宜的供老年和特殊人群的照明设施。

2.4.5　具备资质的服务人员管理日常接待及老年餐桌供餐服务工作并有相关记录。

2.4.6　具有营养配餐素质人员，能对菜点进行营养分析，对菜谱进行调整组合，保证老年人营养均衡。

2.4.7　为有需求的老年人提供送餐服务。

2.4.8　提供一次性结账服务，可接受刷卡消费及养老助残专用POS机刷卡。

2.4.9　老年餐桌供餐的工作人员应树立诚实守信、爱岗敬业，守职尽责，注重效率的服务意识，讲究仪表仪容和礼节礼貌，服务技能娴熟，保持热情周到、乐于相助的养老服务态度和优质高效的养老服务质量。

2.5　老年餐厨房设备设施基本条件

2.5.1　厨房布局应符合出品基本流程。

2.5.2　厨房地面采用有效防滑的材料，墙面干净整洁。

2.5.3　烹调间、凉菜间、洗碗间分设，有专用消毒设备，应符合相关标准规定。

2.5.4　有冷藏、冷冻设备。

2.5.5　声、渣、水、气符合国家相关规定。

2.5.6　有较好的通风排烟设施。

2.5.7　符合食品卫生要求。

2.5.8　能满足就餐老年人群对提供菜品时间的要求。

2.6　老年餐公共区域基本条件

2.6.1　有条件的餐厅应设置适合老年人使用的公共卫生间。

2.6.2　有规范的公共标识。

2.7　服务质量的基本要求

2.7.1　建立健全养老服务岗位职责和适宜的养老服务质量标准。

2.7.2　各岗位应提供的养老服务项目规范。

2.7.3　符合《餐饮服务食品安全操作规范》要求，并达到“阳光餐饮”要求。

3. 养老送餐上门服务要求

3.1　送餐时应当使用无毒、清洁、环保的食品容器、餐具和包装材料，包装好食品，避免送餐人员直接接触食品，确保送餐过程食品不受污染。禁止重复使用一次性餐具。

3.2　送餐人员应当保持个人卫生。

4. 老年餐桌服务管理规范

4.1　实行“五公示”制度

健康证、收费价格以及对老年人的优惠、食品安全管理制度、食品安全承诺书、举报电话上墙公示。

5. 完善场所设施设备

5.1　就餐场所保持清洁、卫生，每次就餐后应进行一次清洁。

5.2　场所内应设备餐区域，设操作台、洗手、消毒、更衣设施和紫外线灯。

5.3　场所内与外界直通的门和可开启的窗应配置风幕机或纱门纱窗，设灭蝇灯。

5.4　有保温设施并保持正常运转，定期进行清洁和维修。

5.5　有餐饮用具消毒和保洁设施并保持卫生、清洁和正常运转。无专用餐饮用具清洗消毒设施的，应当使用符合规定的一次性消毒餐饮用具或者采用集中式消毒餐饮用具。

5.6　场所内废弃物容器应配有盖子，并及时清除垃圾、进行清洗。

6. 加强过程控制

6.1　从业人员持有有效的健康证明，工作时穿戴清洁的工作衣帽，双手清洁，保持个人卫生。

6.2　接触食品的设备、工具、容器符合食品安全标准或要求，用前应清洗消毒。

6.3　每次分餐前备餐区域应进行空气和操作台消毒。

6.4　从烹饪后至食用时限控制在2小时内；需要较长时间（超过2小时）存放的食品应在高于60 ℃或低于10 ℃的条件下存放，需食用时应进行充分加热后方可食用。

6.5　不得将回收后的食品经加工后再次销售。

6.6　应有配餐过程控制相关记录。

7. 养老助餐环境及设施规范

7.1　环境标准

7.1.1　门口环境标准

7.1.1.2　坡道：应符合无障碍标准设计要求，坡度不大于1/12；宽度应能满足轮椅360度回转要求；栏杆材质要求为304不锈钢，要求为双层栏杆，上层要求距离地面完成面900 mm高，下层为700 mm高；地面为带防滑条的防滑毛面石材或防滑瓷砖；

7.1.1.3　扶手：应连续，栏杆下端设高度不低于100 mm的安全挡台防止老年人拐杖滑出或轮椅碰撞栏杆，起点以醒目黄色提示，栏杆起止点延伸300 mm。

7.1.1.4　台阶：台阶踏步边缘（距离边缘30 mm的地方）应设置两根10 mm的防滑条（间隔20 mm）；踏面和踢面颜色要有区分，应设置提示标识。

7.1.1.4　加装扶手（室内、入口处、拐角处）：扶手要求材质为外部尼龙，内部不锈钢，安装在距离地面900 mm处；扶手直径大小需便于把握，过道有突出物的要加装遮挡扶手；扶手收头要向下弯，拐角阳角处为圆角。

7.2　大厅及通道环境标准

吊顶：安装矿棉板吊顶或石膏板吊顶。同时，为方便老年人就餐及点餐，更换高亮度筒灯，照度为200 lx。

7.3　就餐区环境标准

7.3.1　墙面：墙面为防火板，1.8 m以下不应有突出物；灭火器和标示板设置于不妨碍轮椅或拄拐者通行的位置；墙面颜色应为橙色，阳角护角要求为软性材质，踢脚线阳角护角也应为软性材质。

7.3.2 地面：均须为带防滑条的防滑地砖，颜色为棕色（需与店面风格相符且美观实用）；老年人就餐可能通过的通道地面均设置防滑垫；老年餐区域与其他就餐区域有明显区分的过门石。

7.4 洗手区及卫生间环境标准

7.4.1 厕所：马桶加装可移动式辅高坐架，方便老年人使用（加装后高度为50 cm）；卷纸架、冲水感应设施距地面完成面60 cm，卷纸架应设置在侧边或前边方便使用的位置，尽量不设置在左右后方；冲水感应设施男女卫生间各设置一个，脚踩式。

7.4.2 洗面盆：洗面盆及马桶扶手要求材质为外部尼龙，内部不锈钢（要求美观），可为折叠式；洗面盆下方尺寸设计需防止磕碰坐轮椅老人，扶手应方便坐轮椅老人使用（高82.5 cm）；马桶两侧扶手，横杆高75 cm，竖杆距离马桶外边25 cm，直径35 mm。

7.4.3 报警器（厕所内警报器）：厕所内在马桶周围或洗面盆周围方便操作的位置设置警报器，高度要求85 cm，防止儿童玩耍触碰。

7.4.4 门：门宽≥80 cm，厕所内应150 cm×150 cm的回旋空间，方便轮椅出入。

7.4.5 其他：取消厕所内外高低差，改用防滑地砖。

8. 设备及设施标准

8.1 桌椅尺寸标准

8.1.1 餐桌：要求为木质餐桌，桌面各角为圆角；桌腿底部有防滑胶垫，颜色与店面其他餐桌接近，餐桌尺寸不宜过大。

8.1.2 餐椅：要求为木质餐椅，须带扶手，不宜过重且方便移动；椅腿底部须有防滑胶垫，有软包靠背及座面，颜色应与店面其他餐椅接近。

8.2 餐具标准

8.2.1 颜色：亮色，提高25%的食欲。

8.2.2　材质：不易打碎、健康。

8.2.3　形状：无锐利棱角。

8.4.4　功能：方便老人取拿食物，宜有磁铁吸盘、手柄等方便老年人就餐的设计，预防汤、水打翻。

社区（老年）学校建设与运营规范

定义：根据老年人生理和心理特征开展的一种让老年人继续学习，帮助其适应退休生活，提升个体生活品质，满足老年人精神文化需求的为老服务递送平台，是实现积极老龄化战略，重塑老年人社会价值，促进老年人力资源开发利用的有效方式，也是我国终身教育体系和养老服务体系的重要组成部分。

1. 基本要求

1.1　办学机构

1.1.1　应具备从事老年服务相关业务的独立法人资格。

1.1.2　应有固定的办公场所，配备有开发教学课程、教材的部门与人员。

1.1.3　信息化教学与管理的基本条件，包括但不限于：线上教学系统、线上报名、线上管理系统、远 程安防系统等。

1.2　教学点

1.2.1　社区嵌入式老年大学的教学点（校区）根据教学场地面积、学员容量可分为三类，各类教学点的教学条件应满足表 1 的要求。

1.2.2　环境应符合《养老机构基本规范》（GB/T 29353-2012）中 7.1 的要求，相关设施还应符合《无障碍设计规范》（GB 50763）的要求。

表 1 教学条件

序号	要求	条件		
		一类	二类	三类
1	教学场地面积（m^2）	≥280	≥120	≥60
2	学员容量（人）	≥400	≥200	≥100
3	具备资质的管理人员数量（人）	≥2	≥1	≥1
4	具备资质的教学人员（人）	6~8	3~4	1~2
5	功能区	至少需包括文化课教室 a、活动课教室 b、办公室、接待室、洗手间	至少需包括文化课教室、活动课教室、洗手间	至少需包括文化课教室、洗手间

a　文化课教室配置黑板、投影、音响、话筒、钢琴或电子琴；
b　活动课教室配置防护性地板、音响、墙面镜、练功杆

2. 人员要求

2.1　管理人员

2.1.1　办学机构管理人员应具备养老服务行业从业经历与专业素养。

2.1.2　教学点（校区）管理人员应掌握相应的专业知识和岗位技能，热心老年教育事业。

2.2　教学人员

2.2.1　办学机构师资结构应合理，人员应相对稳定，并有后备师资力量。

2.2.2　应满足专业教学水平、教学能力的要求。

2.2.3　应具备教学能力、良好师德，能按教学大纲要求规范教学。

2.2.4　应能随时听取学员意见，总结教学经验，改进教学方法，提高教学水平。

3. 场地要求

3.1 总体要求

3.1.1 教学点（校区）应根据老年人口分布及发展趋势并结合行政区划，合理确定。宜利用临近居住 社区的公共服务设施。

3.1.2 教学点（校区）应具有相对独立、固定、专用的场所，能保证教学活动环境的安全、整洁、卫生。

3.2 场地选择

3.2.1 教学点（校区）宜选择地形平坦，阳光充足，通风良好，工程地质和水文地质条件较好的地段 布置，应避开自然灾害易发区。

3.2.2 教学点（校区）宜选择交通便捷的区域。

3.2.3 教学点（校区）应选择具有良好基础设施条件的地段布置。

3.2.4 教学点（校区）不宜选择三层以上的建筑。

3.2.5 教学点（校区）不应毗邻不利于老年人身心健康的场所，应远离污染源、噪声源及危险品的生 产、储运场所。

4. 安全要求

4.1 安全的基本条件应符合《养老机构服务安全基本规范》（GB 38600）中第4章的要求。

4.2 办学机构应按照《养老机构安全管理》（MZ/T 032-2012）中第4章的规定建立安全管理体系。

4.3 教学活动场所应设置消防疏散示意图，配备消防设施，定期进行巡查和维护，发现隐患及时整改。

4.4 教室内宜配置防暑降温、御寒保暖等设备。

4.5 办学机构宜为老年学员购买老年人意外伤害保险或场地意外保险。

5. 管理要求

5.1 制度建设

办学机构应建立基本管理制度，包括但不限于行政办公制度、人力资源制度、服务管理制度、财务 管理制度、安全管理制度、后勤管理制度、保密制度、评价与改进制度、档案管理制度等。

5.2　课程设置

5.2.1　办学机构应根据各校区的课程安排，合理调配师资力量，并制定课程表。

5.2.2　教学点（校区）应规划本教学点（校区）的课程安排，为学员制定学习计划。

5.2.3　应突出“快乐参与”原则，遵循老年教育“先易后难，因需施教，择其所需，授其所宜”的规律，并根据社会发展、办学条件等及时调整。

5.2.4　根据老年需求不同，宜分设普通课程及定制课程。

5.2.5　普通课程可设置声乐戏曲类、乐器表演类、舞蹈艺术类、文体健身类、养生保健类、书法绘画类、文史语言类、生活技能类共八大门类，具体课程设置宜根据办学条件设置，参见附表 A。

5.2.6　定制课程应从实际出发，创建精品课程，应有明确的修业年限、毕结业制度及培育制度。

5.2.7　宜开设户外课、讲座、公开课等灵活课堂。

5.3　教材配置

办学机构应针对各科教学制定适宜的精编讲义，并组织教师编写、补充、修改教材。

5.4　生源招募

5.4.1　生源为教学点（校区）周边社区范围内，退休或临近退休，并能坚持正常学习的老年人。

5.4.2　办学机构应有完善的生源招募计划与方案。

5.5　档案管理

5.5.1　教学档案、文书档案、音像档案、财物档案等应齐全，并分类归档保存。

5.5.2　办学机构应有专职或兼职的档案管理人员。

5.5.3　办学机构应对重要档案文件实施保密管理。

6. 品牌建设

6.1　战略规划

6.1.1　办学机构应设定清晰的战略发展规划，明确战略发展目标。

6.1.2　办学机构设置应考虑校园文化建设的需要。

6.2　文化建设

6.2.1　办学机构应整体规划、合理设计校区的物质、精神、制度、行为等文化建设。

6.2.2　办学机构应通过校报、校刊、校内广播、校园网、黑板报、橱窗、图书馆、陈列室、课外活动、社会活动等各种主导性载体，进行校区文化的宣传，加强校区文化媒介的建设，扩大品牌影响力。

6.3　社会服务

办学机构应引导学员积极组织开展公益活动、志愿活动等社会服务，加强学员对社会的服务递送，奉献社会，服务社会。

7. 服务评价与持续改进

7.1　服务评价

7.1.1　办学机构应定期对本身的服务质量进行自我评价，并形成报告。

7.1.2　办学机构应定期进行用户满意度调查，向学员及相关第三方发放满意度调查问卷，并形成分析

报告。

7.1.3　办学机构应接受上级主管部门的考核，必要时可申请第三方评价。

7.1.4　各教学点（校区）应听取学员及相关第三方的建议和意见，可采取设置意见箱、电话回访、网 上收集等方式收集建议和意见。

7.1.5　各教学点（校区）应接受上级机构的考核，并定期对自身的服务质量进行自我评价。

7.1.6　评价的内容包括但不限于基本要求、管理要求、品牌建设等。

7.1.7　评价的结果应以评价报告的形式呈现，并作为持续改进的依据。

7.2　持续改进

7.2.1　办学机构应建立改进工作机制，提高服务意识和服务质量。

7.2.2　办学机构应依据评价结果，分析识别改进机会，提出改进措施，制定改进计划，并实施改进。

7.2.3　改进应按计划完成。

附表 A　普通课程对照表

课程门类	课程内容
声乐戏曲类	1. 合唱、声乐、乐理知识； 2. 花鼓戏、京剧等
乐器表演类	电子琴、钢琴、口琴、手风琴；二胡、葫芦丝、尤克里里等
舞蹈艺术类	模特、国标舞、交谊舞、民族舞、拉丁舞、形体舞、广场舞、中标舞等
文体健身类	太极、瑜伽、柔力球、武术；象棋、围棋、桥牌等
养生保健类	1. 中医基础、中药、中医药膳、中医诊断、中医经络养生、按摩、母婴保健与护理；2. 老年人心理健康等
书法绘画类	1. 书法基础、楷书、隶书、行书、草书、硬笔书法、篆刻； 2. 绘画基础、山水、花鸟、素描、速写、油画等
文史语言类	1. 古典文学、诗词、楹联、写作、历史； 2. 普通话、朗诵； 3. 旅游英语、旅游地理等
生活技能类	1. 智能手机、摄影、电脑应用、图像处理、会声会影、微电影摄制、网银网购网付与理财；2. 烹饪、面点制作； 3. 花卉栽培、插花艺术、手工布艺、钩针编织、剪纸、服装制作等